革命與世界主義

革命與世界主義
西方戲劇與中國歷史舞台

約瑟夫 · 列文森 著
(Joseph R. Levenson)

董玥、蕭知緯 譯

香港中文大學出版社

列文森文集
董玥 主編

《革命與世界主義：西方戲劇與中國歷史舞台》
約瑟夫・列文森 著
董玥、蕭知緯 譯

國際統一書號 (ISBN)：978-988-237-293-1

本書翻譯自 University of California Press 1971 年出版之
Revolution and Cosmopolitanism: The Western Stage and the Chinese Stages，
由 University of California Press 授權出版。

出版：香港中文大學出版社
香港 新界 沙田・香港中文大學
傳真：+852 2603 7355
電郵：cup@cuhk.edu.hk
網址：cup.cuhk.edu.hk

Revolution and Cosmopolitanism:
The Western Stage and the Chinese Stages (in Chinese)
 By Joseph R. Levenson
 Translated by Madeleine Y. Dong and Zhiwei Xiao

Preface © Thomas Levenson 2023
Traditional Chinese edition © The Chinese University of Hong Kong 2024
All Rights Reserved.

ISBN: 978-988-237-293-1

Revolution and Cosmopolitanism: The Western Stage and the Chinese Stages by Joseph R.
Levenson was published in English by the University of California Press.

© 1971 The Regents of the University of California
This translation is published by arrangement with the University of California Press.

Published by The Chinese University of Hong Kong Press
    The Chinese University of Hong Kong
    Sha Tin, N.T., Hong Kong
    Fax: +852 2603 7355
    Email: cup@cuhk.edu.hk
    Website: cup.cuhk.edu.hk

Printed in Hong Kong

目　錄

「列文森文集」主編序

董玥（Madeleine Y. Dong）

約瑟夫·列文森（Joseph R. Levenson, 1920–1969）是 20 世紀西方最傑出和最有影響力的中國歷史學家之一。在 20 世紀中期，通過對梁啟超以及中國近現代歷史演變的思考，圍繞中西異同、現代化進程以及革命道路的選擇等問題，列文森有力地勾畫了一系列核心議題，對現代中國的政治制度和思想文化的詮釋發揮了重大作用。列文森非凡的創造力、橫貫東西的博學、敏銳的問題意識、優雅獨特的語言風格，以及對於歷史寫作的誠實和熱忱，為他贏得了人們長久的敬重。

一直到上世紀 80、90 年代，列文森仍然在故友圈子中被不時提起。然而他在西方中國學領域中的聲名，到了 20 世紀末期，卻似乎逐漸淡去。現在人們提起列文森，往往立即聯繫到他因翻船事故不幸在 48 歲英年早逝的往事。列文森離世如此之早，如此突然：他在前一天還在講台上講課或在系裏與同事和學生交談，才情洋溢，帶著愉快的微笑，令人如沐春風，第二天就永遠地離開了。他如此富有創造力的人生戛然而止，這一悲劇震

動了當時的學界，也使得其後人們在提到他的時候，不由產生一種凝重的靜默。列文森的著作，儘管高山仰止，能夠讀懂的人卻並不多。他的難解，加上周遭人們心情的蕭穆，使得人們在爭論與探究時不再經常徵引他的著作。久而久之，列文森的作品也就淡出了西方顯學的書目。然而即使如此，他的影響力卻從未真正消失。我們在中國近現代史領域諸多重要研究中，都可以清晰地見到列文森思想的印痕，這是因為許多年輕學者在不知不覺之中，走上了他為後學開闢的路。

列文森在上世紀50、60年代思考中國歷史時，中國在很大程度上與世界大部分地區相隔絕，但是他從來都相信中國會以自己的方式重新進入現代世界。列文森所提出的主要課題——現代中國與其前現代的過往之間的關係、中國與世界之間的關係——迄無公認的答案或結論，直至今天仍然持續引發熱烈的討論，這些討論甚至比他在世時更為重要，而列文森思考這些問題的方式仍然有其活躍的生命力，他在思想史上的創構也不可取代。列文森過世十年後，他的老師學生、同窗同事出版了一部紀念文集《列文森：莫扎特式的史學家》(*The Mozartian Historian: Essays on the Works of Joseph R. Levenson*)，他們在〈編者導言〉中的評價今天看來仍然適用：「我們激勵自我與他人去進一步探索列文森極富新意、極富人情地研究過的人類和歷史問題，我們覺得這既合乎智識上的需求，也是道義職責所在。他提出的疑問、他追索的主題，是持久性的，帶著普世的關懷。他的寫作傳遞給當時人與後世一個信息，就是我們不應該讓這些曾經熱切的關懷消逝

在『博物館的沉寂』中。」我們在21世紀閱讀列文森，不妨重新體
會他在學術上寬闊的視野、對知識的興奮、對思想真正開放的擁
抱，以及探索艱深問題的勇氣和堅定。而中國讀者對列文森的解
讀尤其具有必要的中介作用，能夠喚起21世紀讀者的想像力，
激起關於中國近現代史的新的討論。「列文森文集」中文版的出
版，對中國和西方的歷史研究者來說，都將是一個寶貴的機會，
可以在這套文本的基礎上，進行一場更為深入的關於列文森的嚴
肅對話。

列文森一生著述豐厚，在大量文章和書籍章節之中，他的
核心著作有如下幾種，均收入本文集：《梁啟超與近代中國思想》
(*Liang Ch'i-ch'ao and the Mind of Modern China*)、《儒家中國及其現
代命運：三部曲》(*Confucian China and Its Modern Fate: A Trilogy*)，
以及在他去世後出版的《革命與世界主義：西方戲劇與中國歷
史舞台》(*Revolution and Cosmopolitanism: The Western Stage and the
Chinese Stages*)。列文森計劃繼《儒家中國》之後寫作第二個三部
曲，但是未得完成。《革命與世界主義》只是這個新計劃中第三
卷的一小部分，是列文森於1966至1967年在香港休學術假期
間完成的，1968年他為在北伊利諾伊大學的演講準備了講稿，
這本書便是根據他的遺稿整理出版。列文森還與舒扶瀾 (Franz
Schurmann) 合作書寫了一部中國歷史教科書——《詮釋中國史：
從源起到漢亡》(*China: An Interpretive History, From the Beginnings to
the Fall of Han*)，亦在他去世後出版。此書似乎是一個更大的項目
的初始部分，只從上古歷史講到漢末。從列文森留下的資料看，

原本應該還有後續。那時的考古資料和可見的史料都遠不及今天豐富，但是書中所展示的思考歷史的方式即使在今天看來也非常有啟發意義。

在上述四本書之外，本文集另收入前述紀念文集《列文森：莫扎特式的史學家》。書中首次刊發列文森本人的一篇重要遺作〈猶太身分的選擇〉（"The Choice of Jewish Identity"），除此之外的主要內容來源於一次紀念列文森的學術討論會，作者們從各自的角度對列文森的著作評價不一，反映出的並非是關於列文森的「權威論定」，而是當時北美中國歷史學界以及這些學者各自關注的問題，其中既有理解，亦有誤解。此書不僅能為讀者理解列文森的研究和學說提供一個學術背景，在瞭解列文森對中國史研究領域的衝擊以及這個領域在美國的發展上亦有其獨特的價值。

列文森關於梁啟超的專著由中央研究院近代史研究所張力首先譯成中文，於1978年以《梁啟超》為名在台灣出版；同一本書後由劉偉、劉麗、姜鐵軍翻譯為《梁啟超與中國近代思想》，作為「走向未來叢書」的一種，於1986年在四川人民出版社出版。此次收入本文集的是由盛韻博士重新翻譯的完整版，書名改為《梁啟超與近代中國思想》。《儒家中國》三部曲最早由鄭大華和任菁譯成中文，以《儒教中國及其現代命運》為題於2000年初次出版。本文集所收譯本由劉文楠博士重新全文翻譯，書名改為《儒家中國及其現代命運：三部曲》。《詮釋中國史：從源起到漢亡》（董玥譯）、《革命與世界主義：西方戲劇與中國歷史舞台》（董

玥、蕭知緯譯)，以及《列文森：莫扎特式的史學家》(曾小順、
張平譯) 都是首次以中文與讀者見面。

關於列文森所生活的時代與他的思考之間的關係，以及對他
的著述和思想比較深入的分析，請見書後導讀〈在21世紀閱讀列
文森：跨時空的對話〉。

2023年1月

漫長的回家之路

托馬斯‧列文森 (Thomas Levenson)

一、老虎,老虎!

這是我對中國最早的記憶:爸爸辦公室三面牆都是書,瀰漫著煙斗的味道。即使在半個多世紀後的今天,當我在家裏翻開其中一本書,總感覺仍然可以聞到一絲當年的煙味。

我心中最早的中國還伴隨著野獸 —— 其實就是一隻做成虎皮地毯的老虎,當然還帶著巨大的虎頭。每當六歲的我走進那間辦公室,都會膽戰心驚地盯著它黃色玻璃般錚亮的眼睛,和那些可怕的牙齒,好像隨時會被它一口吞掉。

這塊虎皮地毯鋪在加州大學伯克利分校那位歷史學家的辦公室裏。它背後還有個故事。總是有故事的:爸爸的人生就是在物質體驗的瞬間發現意義。那老虎是我外祖父獵回的三隻老虎之一 —— 他送給三個孩子每人一隻大貓。我媽不喜歡,不願把它擺在家裏,所以她丈夫就帶到上班的地方,解決了問題。

爸爸待人接物總有一絲靦腆,同時又是個引人注目的人物,

所以訪客進他辦公室時多少都有點敬畏。這就是為何他把虎皮擺
成那樣——虎頭剛好落在開門的弧線之外。有些緊張的客人過
分在意坐在書桌後的那位先生，往往會忽視地板上潛伏的危險，
被虎頭絆到。爸爸就會順勢聊起他那神槍手岳父（不是個好惹的
人），如何悄悄接近他的獵物，一、二、三……氣氛融洽起來，
訪客大笑，開口提問，討論漫長而複雜的中國歷史。於是就這樣
開場：一段對話，一曲智性之舞，與我的父親約瑟夫・里奇蒙・
列文森一起思考中國。

二、爸爸的玩笑

　　爸爸喜歡玩文字遊戲，忍不住要講雙關語，經常跨越兩三種
語言，發明一些讓人哭笑不得的笑話。他把這種文字中的遊戲
感，把從中挖掘每一絲意義（還有幽默）的純粹的快樂帶到了我
們家的日常生活中。每天晚上，他都會哄我和弟弟睡覺。他盯著
我們上床，蓋好被子，關上燈。然後是講故事的時間。這是爸爸
的天賦，（現在回想起來）也許是他引以自豪的一件事：他從不給
我們讀尋常的兒童讀物。每個故事都是他自己編的，用一個又一
個懸念吸引我們，經常要花幾個晚上才能講完。我們有個規矩：
每天晚上都要以雙關語結束。（讓我難過的是，現在真的記不清
這些故事了，只記得有個故事源自日本民間傳說，結尾用了美國
1930年代的俚語，編了一個曲裏拐彎的笑話，今時今日根本無法
理解。）

　　但雙關語和文字遊戲並不只是用來逗孩子的語言玩具。他去世的時候，我只有十歲，還沒有從他教我的東西裏學到多少（或者説任何）深層次的教益。父親過世後，我把讀他的書作為瞭解他的一種方式，多年後才體會到，這種文字戲法是他作品的核心，幾乎成了一種信條：他在《儒家中國及其現代命運：三部曲》中寫道，「在時間之流中，詞語的意思不會固定不變」。琢磨一個詞或短語中多變的意義，給了爸爸一把精神上的刀子，用它來剖析的不是思想（thoughts）──那不過是學校裏的老師試圖固化的對象──而是思維（thinking），是想法產生和演化的動態過程。

　　當我在大學第一年終於讀完《儒家中國》三部曲時，我開始明白爸爸的目標究竟是什麼（那一年我選了哈佛大學的東亞歷史入門課，那也是爸爸的博士導師費正清〔John Fairbank〕主講該課的最後一年）。在書中〈理論與歷史〉一章，爸爸用有點自嘲的幽默開頭，承認他揭示主題太過緩慢，但他保證確實有一個觀點，「等著人們（如讀者）去釋放」。這是用婉轉的方式來感謝一直堅持讀到這裏的人，但也能讓讀者有所準備，提醒他們得費多大的力氣才能把自己的觀點弄明白。他寫道：「我們可以把人類史冊中的某件事描述為在歷史上（真的）有意義，或者（僅僅）在歷史上有意義。」同一個詞，兩層涵義：「區別在於，前者是經驗判斷，斷定它在當時富有成果，而後者是規範判斷，斷定它在當下貧乏無味。」

　　作為他的兒子，突然遭遇約瑟夫・列文森成熟的思想，讀到像這樣的一段話，一方面被激起了單純的興奮──嘗試一種新的理解歷史的方式，不把它視為典範或説教，對我是一次至關

重要的啟迪，另一方面也喚起了我與爸爸之間的某種聯繫，而這是我在更年幼的時候無法領會的。接下去，他進一步論述道：「『歷史意義』一詞的歧義是一種美德，而非缺陷。抵制分類學式對準確的熱衷（拘泥字面意思的人那種堅持一個詞只能對應一個概念的局促態度），是對歷史學家思想和道德的雙重要求。」

「道德的要求」。近50年後，我仍然記得第一次讀到這句話的感受。對於一個聽睡前故事的孩子來說，讓詞語的這個意義和那個意義打架，不過使故事變得滑稽、精彩、出乎意料。僅僅幾年後，堅持把嚴肅對待語言的多能性（pluripotency）當作道德義務，就成為一種啟示。在接近成年的邊緣接觸到這一點，真正改變了我的生活 —— 首先是讓我想成為一名作家，因為我愛上了爸爸這樣或那樣變換文字的方式。這看起來非常有趣，而且確實有趣。但往深了說，試著去理解人們為什麼這樣想、這樣認為、這樣做，對我來說（我相信對爸爸來說也是如此），已經變成盡力過一種良好生活的途徑。

也就是說：爸爸的歷史研究，背後有一種按捺不住的衝動，就是要讓另外一個時空變得可以理解，這是一種歷史學家版本的黃金法則。對爸爸來說，嚴肅對待過去意味著完全同樣嚴肅地對待當下 —— 因此必須做出道德判斷，「現身表態和有所持守」。這是給困惑中的學者的指引 —— 非常好的指引，在作為兒子的我眼中，甚至是至關重要；同時，它也是生活的試金石：在評價之時，意識到我們可能會看到的差異：既存在於我們與之共享此時此地的人民、國家或文化中，也存在於那些我們可能想要探索

的種種歷史之中。認識到這些差異對於生活在與我們不同的文化或時代中的人來說是合情合理的；對於生活在這裏和現在的我們來說什麼是重要的(有一天也會有試圖理解我們的思想和行動的他人來評價)。什麼是生命的善，我們的任務是「保持真誠(即把真作為追求的目標)，即使真理不可知」。[1]

以上這些，是我和爸爸朝夕相處的十年中，從他自娛自樂和逗全家開心的語言雜技中聽來的嗎？當然不是。與約瑟夫‧列文森共度的歲月為我鋪墊了日後的這些教益嗎？

哦，是的。

三、漫長的回家之路

1968年，爸爸告訴一位採訪者，為什麼當初決定專門研究中國問題，而不是像1930、1940年代美國以歷史學為職志的學生那樣，致力於其他更為常見的歷史學分支。他說：「在中國歷史中有很大的開放空間，有希望能找到漫長的回家之路。」

我理解他所謂的「開放空間」。爸爸1941年剛剛踏上求知之旅時，學術性的中國研究在美國屬於寥寥數人的領地，兩隻手就能數過來。人們想問任何問題都可以。爸爸對人滿為患的美國史或歐洲史沒有興趣，他發現那些領域裏盡是些「圍繞細枝末節

1　上述引文均出自 Joseph R. Levenson, *Confucian China and Its Modern Fate: A Trilogy*, Berkeley: University of California Press, 1968, vol. 3, pp. 85–92。

或者修正主義問題而產生〔的〕惡意爭論」。[2]正如這套文集所證明的，他充分利用了所有思想空間，在其中肆意漫遊。他處理大問題，那些他認為在中國歷史和人類歷史中十分重要的問題，從中獲得極大樂趣。

但是，「漫長的回家之路」指的是什麼呢？在尋求爸爸的真相時，雖然無法獲知全貌，但我認為爸爸對他的目的地至少有幾個不同的想法。當然，中國歷史和美國的1950、1960年代之間確實能找到相似之處，而爸爸就是在後一個時空語境中進行思考的。例如，在爸爸的寫作中很容易發現，在苦思中國歷史中那些看似遙遠的問題時，那曾讓他的導師費正清不勝其擾、還險些砸了他自己在加州大學的飯碗的麥卡錫主義，無疑在腦海中佔據了非常重要的位置。

但我想，當下之事與過去之事間存在的某些共鳴，並不是爸爸真正在思考的東西。作為一個外國人，一個美國人，他可以在中國找到一條道路，清楚地看到歷史情境的動態變化，這些動態變化也迴響在別處、在離(他)家更近的歷史之中。他堅持走一條漫長的路，路的另一頭是與他自己的歷史時刻相隔數百年、相距數千里的儒家學者生活中的點點滴滴。要如何理解他的這一堅持呢？從最寬泛的角度說，審視中國讓他得以思考可以被帶入他與中國之對話中的一切，包括但不限於他自己的特定歷史時刻。

2　上述引文出自Angus McDonald, Jr., "The Historian's Quest," *The Mozartian Historian: Essays on the Works of Joseph R. Levenson*, ed. Maurice Meisner and Rhoads Murphey, Berkeley: University of California Press, 1976, p. 77。

　　那也許是爸爸希望與他相同專業的採訪者注意到的一點。但在家裏，他實際的家，他與一隻狗、四隻貓、四個孩子和妻子共同的家，他那漫長的回家之旅中還有其他站點。最重要的是，猶太教是爸爸的身分中不可化約的核心元素；宗教認同交織於他的整個智性生活和情感生活之中。但是，身為一個在1960年代伯克利生活的猶太人，在那個年代那個地方，試圖把孩子們引入猶太教的實踐、儀式和一整套傳統，這給他帶來的挑戰，與他在中國的經驗中所讀到的非常相似。

　　爸爸的成長過程沒有遇到過這樣的障礙。他在二戰前長大，那時大屠殺還沒有框限猶太人的身分認同。他的祖輩是來自東歐的移民，此地後來成為美國人對「正宗」猶太經歷的刻板印象（這種印象忽略了整個塞法迪猶太人，或者説猶太人在南方的傳承）。爸爸由奶奶在嚴守教規的正統猶太教家庭撫養長大，終其一生，他都在熱切研習猶太教文本與習俗，並且頗有心得。

　　他自己的四個孩子對猶太生活有非常不同的體驗。我們在家裏不吃豬肉或貝類，幾乎從不把牛奶和肉混在一起，這些規矩僅僅是對爸爸在成長過程中所瞭解的精微的猶太飲食習慣略表尊重。我們參加了本地的正統猶太教會堂，但在大部分時間裏，宗教對家裏其他人來説都只扮演著非常次要的角色。除了一個例外，那就是每週五的晚餐，即安息日的開始：我們總是點亮蠟燭，對著酒和麵包禱告，在餐廳而不是廚房吃飯，因為這才符合應有的慶典感。

那些安息日的夜晚對我爸爸來說充滿了意義。然而，儘管我們家是猶太人這一點從無疑問，但我和兄弟姐妹並不完全清楚，猶太人除了是一個帶限定詞的美國身分，還意味著什麼。其他族裔可能是德裔美國人、英裔美國人、亞裔美國人，而我們是，或者可以是猶太裔美國人。當然，爸爸在世的時候，我覺得大多數猶太會堂的儀式都很乏味。家庭活動挺有意思，但歸根結底，猶太身分對我來說最重要的意義是，它是爸爸的一部分，因此也是我們這個家庭的一部分。他去世後，猶太教成了要疏遠的東西。在我們家成為猶太人，就是認識到它對爸爸的意義，那麼，當他不在了，當他離我們而去了，還可能留下什麼？

有些東西確實留下了。我也開始了自己漫長的回家之旅，這部分始於讀到爸爸的一篇關於猶太教的未完成的文章，是他去世後在他書桌上發現的。這是一篇內容厚重的文章，但我所需要的一切都在標題中：「猶太身分的選擇」。選擇——成為猶太人的方式是可以選擇的——這個想法就是一種解放。對我來說，它使我有可能回歸到一種並不以虔誠地遵循儀式為核心，而是以先知彌迦的律令為核心的猶太教：「行公義，好良善」——或者像爸爸在引述〈申命記〉時所寫的，「在生命中做出良好的選擇無異於選擇生命自身」，正如他在同一頁所說，這是「良善而充分的」。[3]

對爸爸來說，猶太身分的選擇與他自己童年的信仰實踐關涉很深，遠遠超過我——這也難怪，因為與我們相比，他早年的生

3　Joseph R. Levenson, "The Choice of Jewish Identity," *The Mozartian Historian*, p. 192.

活太不一樣了。但毫無疑問，爸爸對中國有如此深入的思考，其中一個原因就是他自己在這個問題上的掙扎：當身為猶太人的很多東西（甚至在自己家裏！）已經被歷史不可逆轉地改變，為什麼還要做猶太人？換言之，無論對「現代」的定義有多少爭議，現代性對每個人都有要求，爸爸在工作和日常生活中一直要與之纏鬥。

那就是他所走過的漫漫回家路——在他的著作中，大部分時候是隱在字裏行間的潛台詞。但至少有一次它浮出水面——在《儒家中國》三部曲的最後一段。在用三卷的篇幅橫貫了中國廣闊的開放空間之後，他以一個來自猶太傳統核心的寓言收尾。很久以前，一位偉大的聖人舉行了一場精心設計的儀式，以確保他所尋求的東西得以實現。在後繼的每一代人中，這個儀式的某個步驟都遺失了，直到最後只剩下這個：「我們能講出這個故事：它是怎麼做的」。[4]

正如我在這裏所做的。

四、空著的椅子

時間是流動的還是停頓的？這是一個有關連續與變化之爭的古老辯題，長期讓歷史學家糾結。但對我們家來說，這不是什麼問題。1969年4月6日是不可逆轉的時刻，一切都改變了。那天之前：毫無疑問爸爸一直都在。那天之後：他走了，或者說，自

---

4 Levenson, *Confucian China and Its Modern Fate*, vol. 3, p. 125.

那之後成為一個持續缺席的存在，家中每個人在與他對話時，他都是沉默的另一半。

對約瑟夫‧列文森的記憶，是生活中一個複雜的饋贈。毫無疑問，他對所有的孩子都有影響。我的兄弟和姐姐會以各自不同的方式講述他們和爸爸之間的聯繫，但可以很清楚地看到，他對我們都有影響。

例如，爸爸總想在看似完全不相干的現象之間找到聯繫。這種在時間和空間上的跳躍，會將爸爸從德國學者對俄國沙皇君主制的研究，帶到太平天國獨裁者對儒家思想的拒斥。[5]無論是出於何種天性和教養的煉金術，我的哥哥理查德（Richard），一位研究生物醫學的科學家，在這類「腦力雜技」上展現了同樣的天賦（儘管他的學科與爸爸遙不相關），他也繼承了爸爸對文字遊戲的熱愛，在其中加了點東西，完全屬於他自己的東西。

爸爸是一個頗有天賦的音樂家，曾考慮過以鋼琴家為業。他最終選擇入讀大學而不是音樂學院，但在此後的人生中，演奏和聆聽音樂都是他心頭所愛。我覺得他作品中思想和行文間的音樂性不太被注意，但確實存在，處於作品的核心。大聲朗讀他的句子，你會聽到音調、音色，以及最重要的——節奏，所有這些都塑造了他試圖傳達的意義。我姐姐艾琳（Irene）是爸爸在音樂上的繼承人。她走上了他沒有選擇的道路，成為一名職業音樂家。她從童年時代就彈奏爸爸那架非同尋常的三角鋼琴，最終彈

5　Ibid., vol. 2, p. 100.

約瑟夫·列文森懷抱中的幼年托馬斯
（照片由本文作者提供）

得比他更出色，並以音樂理論教授為職業長達40年，爸爸創造
的音樂之家的記憶留下了迴響，至少在我看來是這樣。

我的弟弟里奧 (Leo) 過著與爸爸截然不同的職業生活。他一
直是公務員，主要在舊金山市服務。但爸爸與他的聯繫也依然存
在 (同樣，這是我的視角，也有可能是強加的外在印象)。聯繫
之一是他們同樣獻身於猶太社群生活。但我覺得更重要的是另一
層聯繫：我弟弟選擇在政府機構工作，效力於良治的理想。這聽
來就像是爸爸致力於分析的那種儒家倫理的某種回聲 —— 我也
覺得是這樣。影響的蹤跡捉摸不定。有時它是直接的，有時必須
在「押韻」的人生中尋找 —— 就像在這裏。

那麼我呢？爸爸的影響是明確的、持續的，有時是決定性
的。我上大學時的目標是學到足夠多關於中國的知識，這樣才有
能力讀懂他的作品。這讓我選擇唸東亞史，然後成為一名記者，
先後去日本和中國工作。作為一名作家，我起初發現自己試圖模

仿爸爸華麗的文風 —— 這是個錯誤。正如爸爸所寫的，「語氣很重要」，我需要通過模仿他的風格來摸索自己的風格。不過，在另一方面，我更為成功。我在他的歷史觀 (他堅持有節制的、縝密的相對主義) 中發現了一種極為有力的工具，來推動自己的研究興趣，探索科學和科學研究與其所處的社會之間的相互作用。當我寫作時，爸爸的文字在我腦海中響起，這大大豐富了我的創作，讓我寫出更好的作品，如果沒有他，我的寫作不可能有現在的成績。

不過，正如我在上文提到的，帶著對約瑟夫・列文森的記憶生活是件複雜的事，過去這樣，現在依然如此。我所做的每一個選擇都關閉了其他選項。(當然，對我的兄弟姐妹來説也是如此。) 回顧沒有他的半個多世紀，我很清楚，如果爸爸還活著，所有那些沒走過的路可能會顯得更加誘人，通往全然不同的一系列體驗。

這並不是在抱怨。在我所度過的人生中，我十分幸運，即便 50 多年前那場可怕的事故帶走了爸爸也改變了我們一家。生而為約瑟夫・列文森的兒子，我接觸到趣味無窮的想法，引人入勝的工作，凡此種種。但是，拋開他的死亡帶來的悲痛，仍然有個問題：我追隨了與他之間的聯繫，與此同時，我錯失的事情和想法又是什麼呢？我想這是一個列文森式的問題，很像他對中國思想者提出的那些，他們對一種思想的肯定不可避免會導致對其他思想的拒斥。無論如何，這是一個不可能回答的問題 —— 個人的歷史無法重來，也沒有實驗對照組。但我仍會時不時想到，在 1969 年那個春天的下午之後就變得不再可能的種種可能。

五、回憶與追思

爸爸在《革命與世界主義》這部遺作中寫道：「長久以來，人們一直在思考『歷史』一詞的歧義，至少在英語中是這樣：人們行動的記錄，和人們書寫的記錄。」[6] 用列文森的相對主義精神看，那本書的語言是十足的他那個時代的語言，也是對那個歷史時刻的標誌與衡量（「人們」這個詞用的是「men」，而不是「humans」）。他那本書是在創造歷史——某種東西被創造出來，某個行動完成了，自有後來的讀者去評價和解讀。你現在讀到的這篇文章則是在書寫歷史，而非創造歷史：一個事後去捕捉爸爸人生真相的嘗試。它必然是不完整的——正如爸爸將「行動」與「書寫」並列時所暗示的那樣。

這裏還有一點。到目前為止，我幾乎沒有提到羅斯瑪麗·列文森（Rosemary Levenson）——他的妻子和我們的媽媽——儘管她的存在總是縈繞著對爸爸的追思。與他共度的20年自然是她一生中最幸福、最完滿的時光。當然，他們的婚姻畢竟是凡人的婚姻，也就是說，並非沒有起伏。就像那個時代的太多女性一樣，她讓自己的專業能力和追求屈從於爸爸的事業，這並不總是一個容易接受的妥協。但他們的情誼——他們的愛——對他們倆都至關重要。媽媽是爸爸作品的第一個編輯，也是最好的編輯，是他新想法的反饋板；在爸爸的整個職業生涯中他們形影不

---

6   Joseph R. Levenson, *Revolution and Cosmopolitanism: The Western Stage and the Chinese Stages*, Berkeley: University of California Press, 1971, p. 1.

離。爸爸他去世時，喪夫之痛原本可能會徹底吞噬她，但她挺了下來，也撐住了整個家庭，以近乎英雄的方式。但所有這些都是他們共同創造的。如果要寫，也幾乎只對那些認識他們倆的人才具有歷史意義。

爸爸公開的歷史被切斷了，如同一個想法戛然而止，一句話沒有說完。他最後的著作沒有完成，那只是一個片段，屬於一部遠比這宏大的作品。他從沒去過香港以外的中國國土。他就像尼波山上的摩西——他決不會傲慢到做這樣的類比，但作為他的兒子，就讓我來替他這麼說吧——被允許看到應許之地，卻無法去到那裏。原因就在於被創造的歷史：1949年中華人民共和國成立，對他和幾乎所有美國人關閉了通往中國的大門，而在大門重開之前僅僅幾年，他去世了。可以說，一張虎皮地毯和一間煙霧彌漫、被書牆包圍的辦公室，不只是他年幼兒子的中國，也是他的中國。

爸爸從沒能踏足那個讓他魂牽夢縈的地方，這令我到今天都很難過。但是，這套最新的「列文森文集」中文版，終於能以他所書寫的那個文明的語言呈現，在某種意義上，約瑟夫·列文森終於走完了那條漫長的回家之路。爸爸所寫的歷史如今能為中國和世界將要創造的歷史提供啟迪。作為他的兒子，作為他的讀者，我非常高興。

2023年1月22日

（劉文楠 譯）

序 言

魏斐德（Frederic Wakeman, Jr.）

我初次對《革命與世界主義》這本書略有概念是在1965年秋
天，一個伯克利式的陽光閃爍的下午。在這樣的日子裏，校園後
面的山巒看上去比實際上近得多。約瑟夫・列文森和我在學生餐
廳外面的露台上喝咖啡。我記得自己當時心情略有些緊張。緊張
的原因有兩個：一是我當時自覺介於列文森教授的前學生和現同
事之間，有些不尷不尬；二是我們在那個溫暖的下午坐在那裏，
是要討論我對他一篇演講稿的看法。這是他剛剛為美國歷史學會
午餐會準備的講演。[1]**我**的評論能入**他**的法眼麼？約瑟夫很快打
消了我的顧慮。他對我那些不著邊際的議論聽得很認真，然後便
談起他對自己正在進行的一個研究課題的想法，令我入迷。當時
他的巨著《儒家中國及其現代命運》三部曲剛剛完成。在對下一

1　這篇文章後來經過修改發表了，以 "The Province, the Nation and the
　　World: The Problem of Chinese Identity" 之名收入 Albert Feuerwerker, Rhoads
　　Murphey, and Mary C. Wright, eds., *Approaches to Modern Chinese History*,
　　Berkeley and Los Angeles: University of California Press, 1967, pp. 268–288。

步該做什麼有過短暫的遲疑之後，列文森的思路正在從歷史與價值之間的辯證關係轉向一個新的主題：地方主義與世界主義。無論當時還是現在，我都認為這是他第一個主題的延續，自然而然又令人敬佩。

x

《儒家中國及其現代命運》三部曲講的是一個曾經自成一體的中華文化的消亡和一種新的世界歷史的誕生，而中國經此過程會在「一個單一的、多姿多彩的、超越民族國家的文明」中以某種方式保持自己的「歷史人格」。[2]那天列文森在露台上講的是，對文化認同的現代困境這樣一個時間性的解決方式，也引出空間性的問題。特殊主義與普遍主義——歷史與價值——在列文森所相信的特殊—普遍的世界文明中得到調和，但是在那個新的世界裏，沿著同一條斷層線，有另一重張力。這重張力通過地方主義與世界主義的矛盾得到表達。

列文森對這組關係進行探討的計劃在1966到1967年變得更加具體。那段時間他在香港休學術假，基本上完成了《革命與世界主義》這本書的研究工作。回到伯克利之後，他告訴我他打算寫一部全新的三部曲，第一卷叫作《地方主義、民族主義與世界主義》，會明確闡述他預想的幾大主題，並為下面的兩卷建立框

2　Joseph R. Levenson, *Confucian China and Its Modern Fate*, Berkeley and Los Angeles: University of California Press, 1968. Vol. 3, *The Problem of Historical Significance,* p. 123. 譯註：譯文參考約瑟夫・列文森著，劉文楠譯：《儒家中國及其現代命運：三部曲》，香港：香港中文大學出版社，2023年，第525頁。

架。第二卷通過對亞洲經典的剖析來展示地方主義與世界主義之間的張力。[3]第三卷，也是最後一卷，會通過研究西方戲劇作品在20世紀的中譯本，對這一主題做詳盡的論述。

1968年下半年，列文森的朋友，也是他過去的學生大衛・阿伯什 (David Abosch) 教授為他安排了次年春季在北伊利諾伊大學做三場系列講座。列文森覺得可以借此機會為新三部曲最後一卷擬出一個有所打磨的初稿。他將這一卷取名為《革命與世界主義：西方戲劇與中國歷史舞台》。1969年4月列文森溺水身亡的時候，這篇講稿還在打字機上。他沒去成北伊利諾伊大學做講座，也再沒有機會展示他關於地方主義與世界主義的整個主題。他留給我們的只是一幅三聯屏畫中邊上的一聯，我們再也看不到它所關涉的核心部分。這對我們來說是巨大的損失。

但是，因為《革命與世界主義》在他的計劃中也是獨立的一部書，我們從中可以很清楚地看到列文森對現代中國知識分子的困境所做出的新穎又意味深長的思考已經到了哪一步。在我們這個時代，儒家文人（在他們自己的世界裏是文化世界主義者，「它本身就是一個世界，它的價值是大寫的價值，它的文明是大寫的文明」）變成了地方的，被新的 —— 無根的 (déraciné)、疏離的 —— 中國世界主義者所取代，對外來事物的思想興趣把這些世界主義者變成了非革命的知識分子。

3　列文森留下的文件將都收在加州大學的班克羅夫特圖書館 (Bancroft Library)，其中包括了這部書稿的部分初稿。

對於這兩種世界主義的錯置，列文森有著同情之理解，這反映出他一直能體察到現代對傳統中國社會施以怎樣粗暴的攻擊。的確，對他而言，現代性的病症是一種「普遍狀態」，它將中國與其周圍的世界聯結在一起。[4] 像梁啟超這樣的知識分子所經歷的困惑並不意味著某種特出的民族歷史，毋寧說它體現了中國以新的方式參與一個全然現代的世界歷史。因此，列文森自己的學術方法時常依賴將中國和其他國家作類比，目的是有意識地視中國歷史為人類共同經驗的一部分，並在其中給予它應得的角色。

> 我試圖將中國的經驗與其他民族和文明的經驗聯繫起來——不是以某種牽強的類比，不是裝點門面，不是簡單的「接觸」，也不是東拼西湊成某種速食的世界史，而是將中國歷史作為一個普遍的主題加以揭示。[5]

兩曲副歌在《革命與世界主義》中一再出現。一是列文森擔心對中國的情感會陷入「絲扇態度」(silk-fan attitudes)：服務於他人的審美，成為某種國際狂熱 (Schwärmerei) 的原材料；另一個是他在普遍主義與特殊主義之間建立的張力。當然，這一主題性的衝突重述了《儒家中國及其現代命運》三部曲中價值 (verum) 與歷史 (meum) 之間的緊張關係，並立於所有那些他所偏愛的用來啟發人思考的二分法之後：絕對／相對、文化主義／民族主義、

4　Joseph R. Levenson, "The Genesis of 'Confucian China and Its Modern Fate'," in: L. P. Curtis, Jr., ed, *The Historian's Workshop: Original Essays by Sixteen Historians*, New York: Knopf, 1970, p. 279.

5　Ibid., p. 281.

世界主義／地方主義。它是基於列文森從莫里斯·拉斐爾·科恩(Morris Raphael Cohen) 的《理性與自然》(*Reason and Nature*) 一書得來的一個假設，即「一個穩定的社會，是其成員會基於諸種普遍之原則去選擇他們所繼承的某種特別的文化」。[6]

列文森聆聽這兩曲副歌的耳力是由他自己的世界主義滋養而來的。他的學問淵博、優雅，似乎可以毫不費力地在文化與文化之間徜徉——莫扎特和琵琶，易卜生和魯迅，哈西迪教派的故事和今文經學，那些框限了多數人的特殊性並不能束縛他。但是，在審美層面如此享受重組思想、玩味意象之時，他也不願耽於做一個審美家。他所選擇的這個領域——中國歷史本身，很容易導向「絲扇態度」之類半吊子的趣味。當然，令他著迷的是中國，而不是「中國風」(*chinoiserie*，在描述文化小擺設時，有沒有其他詞如此明顯地貼上國家的標籤？)。但他完全可以運用他在大學時細緻研究過的法國啟蒙運動的精神來領會中國歷史：視古典中國為哲學的對象，視漢學為博學之士的標識。但是他覺得這個解決方式太過靜態；與之相反，他轉向思想和思考產生了分離的現代中國，「哲學和歷史之間可能的分裂」，立刻吸引了他的注意。[7]他看到儒學經典曾經是歷史，便立即意識到中國的過往在多大程度上曾經是哲學(具有絕對價值)，以及相應地，今天的革命中國又是多有必要使其成為歷史(具有相對意義)。

xiii

---

6   Ibid., p. 280.
7   Ibid., p. 285.

　　列文森通過隱喻這個他最喜歡的工具來發展這一主題。1957年，法國記者羅伯特‧吉蘭（Robert Guillain）講到，共產主義下的中國人在將過去「封建」壓迫的象徵符號「博物館化」。故宮裏擠滿度假的遊客，各地的孔廟也都修繕一新，向遊人開放。

　　古代文化得享多年未見的尊榮，但這是一種只有死者才有的尊榮——它被獲准進入博物館了。[8]

　　列文森讀到安德烈‧馬爾羅（André Malraux）的《沉默之聲》（*The Voices of Silence*）後，便開始從歷史隱喻的角度來看待這一問題。他早年寫作《儒家中國及其現代命運》時的工作筆記中有一則馬爾羅的論斷：博物館「將其彙集的作品脫離它們原初的功能，甚至將肖像變為『繪畫』」。[9]列文森對此評論道：「注意：『復原』的孔子不是孔子——字面原意所帶出的聯繫就像上文這樣被消除了。」[10]列文森由此構想出「博物館化」，指的是把曾經在現時中具有權威的事物降格為過去，而杭州市的一本旅遊指南則表明，這個木乃伊化的過程把過去的絕對價值相對化了。這本旅遊指南描述了西湖邊上大名鼎鼎的南宋愛國者岳飛的墓，他被奸臣秦檜出賣：

8　Robert Guillain, *Six Hundred Million Chinese*, New York: Criterion Books, 1957, p. 265.

9　André Malraux, *The Voices of Silence*, translated by Stuart Gilbert, Garden City: Doubleday, 1953, p. 14.

10　這批材料都是簡短的筆記、片段、批註（有些寫在常見的打孔卡片上）。列文森過世後，經他夫人允許，我讀了這些材料，發現它們顯然就是《儒家中國及其現代命運》一書研究的精要。以下凡是出自這部分材料的註釋，都簡稱為「列文森儒學筆記」。

墓前是幾個跪像：奸臣秦檜，他邪惡的妻子，他的幫兇万俟
卨，以及在關鍵時刻背棄岳飛的張俊。遊人們傳統上都會往上
面扔石塊等東西，表示不齒於他們的背信棄義。但是如今這種
行為已被禁止，以保護這幾個具有歷史價值的塑像。[11]

列文森的筆記顯示，就在這前後，他被里昂·艾德爾 (Leon Edel)
分析亨利·詹姆斯 (Henry James) 的一段話吸引：

> ……活著的敏妮是作為一個有血有肉的生靈而被愛；對亨利來
> 說她也是個威脅，像別的女人一樣。而死去的敏妮則只是個念
> 頭，一個思想，記憶中一個閃亮的火花，一尊雕像——黛安
> 娜！——在完全的安全感中被愛，被崇拜，「在我們所有人的心
> 靈和生命中得到永久的防腐」。[12]

一個得到防腐的生靈也就被驅除了邪祟——或者，像列文森據
艾德爾的話所做的發揮：

> 歷史思維作為從某種活著的統治之下解脫的方式。生：死亡之
> 手；死：活生生的理想。參考孔子：「歷史意義」。[13]

　　不僅僅是因為歷史可以用來把活著的價值相對化。而是，人
們讓過去**成為過去**的能力取決於他們自己對當下的信心。列文森
曾經在他的史學研討課上對學生們解釋：

11　《杭州指南》(*Guide to Hangchow*)，無出版社和日期，複印件收於「列文森
儒學筆記」。譯註：原文已不可考，據英文譯出。

12　Leon Edel, *Henry James: The Untried Years, 1843–1870*, Philadelphia: Lippincott,
1953. 列文森在「史學文獻」中提到過，見註釋13。

13　來自一批關於史學方法的材料，是列文森為他在伯克利開設的史學思想
研討課 (先是「歷史202」，然後是「歷史283」) 所準備的註釋和筆記。以
下簡稱「列文森史學文獻」。

我們不能假定相對主義就**足夠**了，或者以為人們永遠不會召
喚絕對的信念，允許他們、並使他們能夠（通過拒絕他們自己
的世界的標準）令這些標準成為過去，或者「歷史」。一旦這樣
做，以使得後來者可以用審查的態度來看待那些早期的、成功
受到挑戰的標準，他們就能在這些標準之上施用相對主義者的
修復方式：即博物館的方式，對那些充滿激情的當代歷史**創造
者**——不同於那些呼吸歷史精神的人——經過多少努力才打
破的東西，施以消毒式的修復和防腐（如**相對主義**那樣防腐）。
只有那些沒有歷史意識、也不持相對主義態度的人，才會假定
歷史相對主義對價值來說是徹底的溶劑。[14]

這一隱喻已經非常圓融，它最終被用於中國，是在列文森為1960
年美國歷史學會年會上格哈德·馬瑟（Gerhard Masur）的論文準
備的講評裏。[15] 在將馬瑟所描述的基督教意識中的超驗神性和進
化式歷史與儒家的內在性和循環史觀進行對照之後，列文森指出
現代中國歷史意識中的一個根本變化。隨著中國「從一個世界收
縮為世界中的一個國家」，傳統主義者轉進了「一種傳統無法再具
有絕對性的境況」。他們對過往的普遍價值在理性上所具有的信
心遭到剝奪，被迫「從『國粹』發展出」新的、「本質上是浪漫主義
（相對主義）的論述」。[16] 但僅有相對主義是不夠的，因此傷口——

xvi

14　「列文森史學文獻」。

15　Joseph R. Levenson, "Comments on 'Distinctive Traits of Western Civilization: the Classic Interpretation,' by Gerhard Masur," American Historical Association, 1960, pp. 5–6.

16　Ibid.

用列文森自己的一個意象——是用馬克思主義的藥膏治癒的。

首先是歷史分期：把中國歷史按照馬克思主義的分期說來加以劃分，這樣，現代中國人就可以「通過某種被認為是普遍的（而非只屬於西方的）歷史階段順序」來找回他們的過去。其次是民主式的博物館化，它允許「歷史意義」的用法從規範性向相對性轉變。1915年令「新青年」窒悶的正統的傳統觀念現在可以被超然看待，以至於到1964年，列文森認為過去的偶像要被安全地歷史化了。正如他在《儒家中國及其現代命運》最後一卷所闡釋的：

> ……儘管早期基督徒可能毀壞了異教神的神像，數百年後梵蒂岡博物館仍然收藏著阿波羅雕像。那些神不再意味著當代鬥爭中活生生的對手。它們在歷史上有意義，或者說，其中最佳的作品在美學上有意義——僅僅是美學上的意義，它們是被徹底擊敗的、已經消失的整體中剩餘的碎片。那就是為何孔廟可以在共產主義中國獲得修復……[17]

然而他說了這話不超過兩年，紅衛兵們就將這些孔廟付之一炬。難道他的隱喻從一開始就完全錯了嗎？如果不是這樣，儒家中國的幽靈怎麼會這麼快就回來騷擾它馬克思主義的當下呢？

對於第二個問題可以有很多不同的回答方法。列文森選擇用一個新的疑問回應：現代中國人一直以來對他們的馬克思主義身分認同真的那麼自信嗎？我認為列文森選擇身分認同問題有兩個

17　Levenson, *Confucian China*, 3: p. 114. 譯註：譯文參考《儒家中國及其現代命運：三部曲》，第515頁。

原因。第一，這個問題允許他保留原初的隱喻「博物館化」。第二，正如外部事件使他懷疑把文化相對「化」掉到底有多容易，此刻他內心深處對於自己作為美國猶太人的身分認同的關切，同樣提醒他，要調和特殊性的（「地方的」）起源與普遍性的（「世界的」）價值，困難重重。

在這些年裏，列文森對猶太教的關切不斷擴大和加深，但他基本的（但非原教旨主義的〔fundamental, not fundamentalist〕）信仰和態度自大學時代以來幾乎沒有改變。他私下裏談到他的「退休之作」，要寫一本關於猶太教的書，準備的方式和寫《儒家中國》三部曲差不多：通過閱讀、思考、做筆記，在希勒爾（Hillel）*做主題演講──通常是在猶太學者午餐會上，有一次是在他的猶太教堂。事實上，在他留下來的文稿中，後來發現了這項研究的開篇部分，是一份二十二頁的手稿，題為「猶太身分的選擇」。在其中，以及在關於猶太教的筆記中，列文森充滿激情地談到在美國這樣一個多元文化的大熔爐裏選擇自己特定身分認同的必要性：

> 我自己的立場是：猶太人必須保持可見性──不是出於對反猶主義的失敗感（「猶太人不可能被普遍接受」）；甚至不是出於在反猶主義面前的榮譽感；不是出於猶太飯菜或猶太人贏得的國際象棋冠軍帶來的文化情感。我願意做一個大多數美國猶太人都會做的假設：一個人很容易在美國迷失；文化折衷主義，一

---

* 譯註：猶太文化中心，美國許多大學都有開設。

個現代趨勢，可以允許**任何人**在合作社買到吉菲特魚，在「餓 xviii
漢」欣賞以色列民歌，將希伯來《聖經》作為一種共同的文學寶
藏甚或精神與奮劑來閱讀。我可以讀孔子，對他的聖賢語錄點
頭稱是，而不必是中國人。那我為什麼一定得是個猶太人才能
在生活的食譜中加幾味猶太調料呢？這是個反問。我需要成為
猶太人——我感到猶太教難以抗拒——是出於「猶太人的貢
獻」之外的原因。這並**不**僅僅因為我認為那是徒勞的辯護：既
然我可以單純作為一個提倡調和的現代人接受這些貢獻……而
是因為那些會用這種方式在歷史中「安置」猶太教的人，看似正
在定位，其實已經丟失了定位之物的意義。[18]

列文森對於文化調和論的反感把他的內心信仰與更外在的學術研
究聯繫起來。他個人抵制被同化為某種中性的世界主義身分認
同，與此同時，也看到了現代中國知識分子面臨的類似困境。簡
而言之，他的自我認知——一個有信仰的猶太人——與他對現
代中國的看法互為框架。正如他可以對孔子的語錄點頭稱是，他
也擔心其他人會像這樣挪用猶太教；這是一個閉環，一種敏感強
化了另一種敏感，無論是在他關於猶太教的研究筆記中，還是在
《革命與世界主義》一書中都是如此。

這兩者之間的互動一直在進行。例如，他對那些僅僅從審美
的角度來欣賞中華文明的人持懷疑態度，也提防著以某種超然的態
度賞鑒猶太教的精微之處。這兩者都同樣毫無忠誠（commitment）。

---

18 見列文森留下的文件中有關猶太教的部分。以下簡稱「列文森論猶太
  教」。譯註：餓漢（Hungry I）是舊金山城裏的一個酒吧。

他曾經為希伯來語中 *Sinai*（西奈）和 *Seneh*（〔燃燒的〕灌木叢）之間的準同音關係感到震動。上帝這個雙重啟示（「這裏，在灌木叢；那裏，在西奈山」），以其「勢不可擋的文學效果」讓列文森印象深刻。[19] 然而他馬上覺得自己過於理性，錯過了這種修辭效果在宗教上的原因。他告誡自己：「切記，效果在**原因**之中。」

> 猶太人要活著，這是一個**宗教**律令；宗教也為「猶太文化」賦予了特徵，但是文化是附帶性的，不是目的。這個律令，這個誕生於西奈山的誡律（*mitzvah*），才是目的，如果它可以同化〔於〕「文化」之中，猶太人就會真正地被同化、消解，成了我們自己版本的最終解決（就像古典希臘人一樣）——文化，**作為**一個目的（as an end），將會邁向終結（come to an end）。「《聖經》之作為活著的文學」，就不再是猶太《聖經》，一個活生生的**民族**的寶典，不再是猶太教的載體，而猶太教所要傳達的深刻訊息——從灌木叢（*seneh*）到西奈山（*Sinai*）——是**生命**。[20]

同樣，列文森回憶起他本人在討論中國歷史時使用的博物館隱喻所帶來的後果，這使他警覺把《托拉》當成文學經典來讀具有怎樣的危險。這樣一來，猶太人的《聖經》成為博物館展品，就會「屬於任何傾慕者，如同荷馬一樣——『對世界文化的一大貢獻』」。[21]

19　Ibid.

20　Ibid.

21　Joseph R. Levenson, "The Choice of Jewish Identity." 這是列文森留下的文件中一篇總長22頁的手稿，沒有完成。譯註：此文收入莫里斯·邁斯納（Maurice Meisner）、羅茲·墨菲（Rhoads Murphey）編，曾小順、張平譯：《列文森：莫扎特式的史學家》，香港：香港中文大學出版社，2023年。但經查對，此處及以下幾處引文，在〈猶太身分的選擇〉中並無相應的原文。

讓別人去為他們的歷史做防腐吧（「現代希臘人是博物館管理員」）；但是「猶太人必須活著，也就是作為猶太人活在歷史之中，只要還有歷史；而不是肉體消亡，只做出某種『精神』——或『文學』——的貢獻」。[22]

所以，列文森堅信，猶太人和猶太教只有通過保持自己的歷史特殊性才能生存——在這個語境下特指拒斥各種調和的普遍性。因為，他對中國文化史的研究令他相信，如19世紀的「體」「用」方案一類的調和主義，總是蹺上蹺下，找不到平衡。最重要的是，各種調和主義都否認歷史。

乍看起來，作為特殊性的歷史與某種未來世界大同的前景之間似乎有明顯的抵牾。列文森顯然意識到了這個矛盾；因為，他有時跟19世紀的人一樣期待同一個世界，但同樣也看不到走向這種大同的歷史手段。

> 有些人說有必要從各國特殊的歷史中選取不同價值，並在此基礎上構建一種文化，使這種像世界語一樣的文化與新的技術世界相協調。另一些人則提到本質上平行並存的各國歷史，認為其文化在本質上殊途同歸。然而，我不認為歷史可以用前一種方式來塑造，就好像文化選擇委員會，取東西之精華，達成兼容並包的美好和諧；我也不認為歷史是用第二種方式塑造的，以某種普遍範式來塑造歷史，無論是馬克思主義的，或湯因比的，或其他任何範式。[23]

xx

22　Ibid.

23　Levenson, "The Genesis of 'Confucian China and Its Modern Fate'," p. 283.

特殊性對於列文森自己的信仰來說具有根本性，而一種強加的、似是而非的大同的前景威脅到了這一點。事實上，這種信仰的來源和基礎——猶太教——根據他自己的定義，是一種要求特定民族生存下去的信仰。正是由於這個原因，猶太教才不應該與「猶太—基督教」相混淆。「猶太教在一個民族身上的體現，正是把『猶太』與『基督』區分開來的原則。而這二者之間的分殊使得『猶太—基督教』這類一概而論的名稱無法成立。」[24]

在評論摩西・哈達斯（Moses Hadas）的《希臘化時期的文化：融合與傳播》一書時，列文森首先對猶太教和基督教這兩個詞做了精確的劃分。哈達斯描述了伊索克拉底這類哲學家所代表的「融合性的文化」（ecumenical culture），列文森據此認定柏拉圖的理型論「在希臘精神的融合之中含蓄地表述了外來的宗教觀念」，因為「如果現實（reality）是本體，即隱身於特殊之下的普遍」，就沒有必要抵制特殊了。[25] 但耶和華**不是**宙斯。就哈達斯而言，甚至他描述猶太之融於希臘化文化，都帶有猶太人自我捍衛的意味。列文森從他自己對中國歷史的研究意識到，對歷史和價值的種種調和方式背後，有一種近乎絕望的對於對等關係的追尋，因此他堅定地——儘管是帶著敬意地——批評了哈達斯在希臘化背景下呈現猶太歷史時帶有的「辯護」色彩。「希臘」（hellenic）固然意味著「希臘人」（Greek，特定的歷史民族），「希臘化的」

24　「列文森論猶太教」。

25　Joseph R. Levenson, Review of: Moses Hadas, *Hellenistic Culture: Fusion and Diffusion*, New York: Columbia University Press, 1959.

(Hellenistic) 則是「跨國的和普世的」，不需要特定民族來體現它。「但猶太教卻需要猶太人。」[26] 因此，猶太教的一個重要動力不正是抵制柏拉圖式的希臘精神所帶有的元文化意涵和對此世的超越嗎？列文森相信猶太教是屬於此世的，是一種「生命的選擇」，[27] 他將自己的信仰視為對那些抽象信仰的否定。因此，他的筆記證明了他「對猶太教的偏愛，因為**它**拒絕抽象」，這與基督教「否定生命的假設」形成鮮明對比。[28]

然而，列文森明白他這一定義會讓猶太教在別人看來是多麼「無可救藥的一個特例」：作為康德自由律令的反面——將支配個人行動的原則視為普遍適用於所有人的原則（「康德是這樣認為的，許多猶太人也是這樣認為的」）；[29] 這可能會被看作一種原始的種族中心論。列文森知道湯因比將猶太教比附為以色列部落的一個「低級宗教」，並且對此感到憤怒，於是他提出：首先，一個民族（猶太人）不能完全同它的文化（猶太性）分離開來：

> 在行之有效的猶太教面前，這是個無效的問題（即猶太教究竟是民族身分認同還是文化身分認同）。猶太教作為宗教體現在民族與文化之中。[30]

xxii

26　Ibid.

27　Ibid.

28　「列文森論猶太教」。

29　Joseph R. Levenson, "The Choice of Jewish Identity." 譯註：譯文參考《列文森：莫扎特式的史學家》，第238、239頁。

30　Joseph R. Levenson, "The Choice of Jewish Identity." 譯註：譯文參考《列文森：莫扎特式的史學家》，第237頁。

其次，他聲稱他自己必須

> 推翻湯因比——提出猶太教真正的高尚之處，是在它與普遍性
> 的創造性張力之中，它具有律法（特殊性）的勇氣。[31]

列文森將猶太教對偶像崇拜的深惡痛絕挑出來確證這一特殊
性。[32] 因為反偶像崇拜把猶太人限制在模仿上帝（而不是認同於
上帝），這要求他們在此世有所行動。

另一方面，基督教則體現了新柏拉圖主義反歷史的偏見和
這種「猶太歷史主義」之間的矛盾。[33] 這使得基督教唯一具有一
致性的邏輯就是千年至福主義。[34] 作為一個頂點、一種綜合，基
督教「並沒能得享安息……而是因為希臘化和猶太因素的**不可
調和而搖搖欲墜，動盪難安**」。[35] 因是之故，基督教不得不在救
世史（*Heilgeschichte*）和世界史（*Weltgeschichte*）之間做出奧古斯丁

31　「列文森論猶太教」。

32　Ibid. 這種對偶像崇拜的厭惡一直被帶到了他對共產主義中國的世俗權威
　　的分析當中。在一則新華社消息的剪報（「中國人民的偉大領袖、偉大導
　　師、偉大舵手毛主席……」，1966 年 8 月 31 日）上，他評論道：「我們幾
　　乎可以想像，『毛喊：「林」，林說：「在」（*Hineni*）。』想起厭惡猶太教的
　　某種表達是「東方式的自輕自賤」（oriental self-abasement）——但毛的例子
　　倒是這種厭惡的**合理**對象，正是因為反偶像崇拜的猶太教將這種表達方
　　式**保留**給了上帝。」譯註：*Hineni* 是希伯來語，意為「我在這」，在希伯來
　　《聖經》中正是摩西、雅各等人對耶和華的回答。

33　Ibid.

34　Ibid.

35　Ibid.

式的二分法。[36]這種分裂可能被黑格爾打破了，黑格爾把時間的（temporal）王國轉化為精神實在；但他的思想體系仍然是基督教的派生，仍在物質之下探求精神理念。列文森相信猶太教拒絕切分這二者，故而把西方思想粗略劃分為四種重要的歷史模式：

> 猶太教：精神＋時間（彼此混合）；
>
> 基督教：精神／時間；
>
> 黑格爾：精神存在於時間；
>
> 馬克思：僅有時間。[37]

這一觀察反映了他的願望：不是把猶太教定義為「溶於混合溶液的一滴水」，而是對生命的選擇，其歷史特殊主義才是更真實的普遍主義。

> 歷史是猶太教的一個主題，而猶太教的特殊主義——在眾多思想開放、視野廣闊、對封閉群體和狹隘自我頗不耐煩的人看來，這種特殊主義讓人反感——事實上並不構成偏狹主義，而是將其轉化了。經由其自身的存在，也唯有基於其存在與歷史可見性，猶太民族宣示了一個普遍的命題。猶太教並不落後於普遍主義的「真理」。它反對那種經常被援引來反對猶太教的虛假普遍主義。[38]

36　這個觀點來自Jacob Taubes, "Nachman Krochmal and Modern Historicism," *Judaism*, 12(2), pp. 150–164 (Spring 1963)。

37　「列文森論猶太教」。

38　Joseph R. Levenson, "The Choice of Jewish Identity." 譯註：譯文參考《列文森：莫扎特式的史學家》，第242頁。

xxiii

由於這個緣故，列文森的筆記中到處都是他所認為的特殊寓於普遍之中 (the particular-in-the-universal) 的例證。比如，猶太人的安息日既是紀念宇宙的創造，也紀念著「猶太人作為一個民族……一個歷史之器」的歷史起源。猶太人通過這樣一個有著「創造性的張力」的做法，把兩種創世的含義都保存了下來。[39] 雖然列文森曾經説過，他把各種衝突作為啟發思考的工具來使用，但他相信能夠阻止對立面相融合的張力充滿創造性的動力。他寫道：「猶太人跟上帝之間的疏遠和熟稔」類似於「民族的/普世的、歷史的/永恆的、循環的/線性的之間的張力」；然後他補充道：「當個猶太人真難……」(*Schwer zu sein ein Yid...*) [40]

正如所有矛盾都回到歷史，歷史最終也為他解決了普遍與特殊之間的終極張力。列文森有時候對預言了終極普遍主義的猶太彌賽亞主義 (如《撒迦利亞書》) 有所期待：天主和他的名是同一的。但他所解讀的猶太教不大涉及神的裁決，而更接近猶太人的人類處境。列文森想起列斐伏爾對 18 世紀基督教社群觀念 (無分軒輊地拯救所有人) 世俗化的判斷，[41] 寫道：猶太教拒絕終結於基督教普遍主義之中，因為它對歷史的尊重

xxiv

39　Ibid. 譯註：譯文參考《列文森：莫扎特式的史學家》，第 243、246 頁。

40　「列文森論猶太教」。譯註：《當個猶太人真難》(*Schwer zu sein ein Yid*) 是 1920 年的一齣意第緒語喜劇，展現俄國猶太人和非猶太人之間的關係。1949 年曾在紐約重新上演。

41　Georges Lefebvre, *The Coming of the French Revolution*, translated by R. R. Palmer, Princeton: Princeton University Press, 1947, p. 183.

不僅表現為將合一（人與神，主觀意識補足本體論上的存在）
預想為在時間成熟時自會到來的東西，也表現為保存歷史之
器——特殊的民族。這不僅在神學上有一致性，在社會心理
學上也是合理的：面對不成熟（因為在彌賽亞之前）的世界主
義——大眾的抽象化和同質化，現代世界中充滿對根源的憂
慮。一切令啟蒙屈從於浪漫主義反動的東西，都使猶太教在其
浪漫主義—理性主義、特殊—普遍的結合中獲得了特殊的力
量。[42]

由於猶太人「實際的、歷史的、人類的處境中——疼痛、苦難、
滿頭大汗」[43]是存在性質的（existential），猶太教幾乎為列文森提
出了一個「荒謬」（the Absurd）的決定。儘管他不認為猶太教是可
以由猶太兒童自行決定的完全自由的選擇，但是它之體現為民
族（而非文化），要求個人有意識地接受自己在其中必須佔有的位
置。這樣一來，他通過將這一民族「具體的、非思想性的、特殊
的**存在**」（「一種歷史的累積」）納入「抽象的、思想性的、普遍性
的」猶太教（「確實是一個供現代人選擇或拒絕的主題」），維持了
人們選擇的能力。[44]毫無疑問，這樣一個存在性質的決心與他的
一個信念有很大關係，那就是：單是現代猶太人在同化上的能力
就給他們提供了絕好的選擇機會。有一次，列文森跟一位同事談
到美國猶太人的「現代流失」，然後在筆記中寫下這樣一段意味深

xxv

42　「列文森論猶太教」。

43　Joseph R. Levenson, "The Choice of Jewish Identity." 譯註：譯文參考《列文森：莫扎特式的史學家》，第257頁。

44　Ibid. 譯註：譯文參考《列文森：莫扎特式的史學家》，第240頁。

長的話：「現代的情形（為悲觀主義提供經驗上的基礎）激活了**猶太人**的潛能：選擇（溶解的可能性創造了選擇的可能性）。」[45]

　　但這也——我想再次強調列文森內心深處的信念與他出版的著作之間是彼此呼應的——源於狄爾泰（或克羅齊）式的對身為歷史學家的自我認識。列文森曾經對他的學生們說，他們必須「接受歷史只〔是〕一種個人眼光」，「過去不可能獨立於〔他們的〕自我而存在」。這意味著，作為歷史學家，他們必須遵循相對主義。但他們絕不應把這當作「絕望的忠告」。恰恰相反，他希望這成為「**傑出**的忠告（a counsel of *excellence*），一種道德律令」。如果歷史學家「迴避風險」，不願採取立場，就會安於置身事外的「客觀性」中，而這就「沒什麼意思」了。

> 那些「如此科學、價值中立」的學術著作的安全生產。學術客觀性不應被用來作為藉口去逃避〔個人〕自己的文化中的各種議題。認為可以對現實的任何方面進行完整無缺、不偏不倚的描述並以此為目標，是**了無意趣**的。[46]

　　與此相反，他要求學生們一定要對自己的局限性牢守清醒的意識。否則這個時代「客觀性」的傲慢會把他們「歷史化」，因為在〔他們〕自詡在捕捉另一個時代的精神之時，他們在將來也會「體現〔他們〕自己時代的特殊精神」。[47]

45　「列文森論猶太教」。
46　「列文森史學文獻」。
47　Ibid.

　　列文森在史學思想課上的講解和他的《革命與世界主義》都
流露出他那份揮之不去的憂懼：真（即特殊的**和**普遍的）歷史的終
結。寫到上海的世界主義資產階級時，列文森細心地把他們的意　　xxvi
圖同他所深惡痛絕的「準柏拉圖式的反歷史」區分開來。[48] 同時，
他也讓我們看到：他們是多麼輕易地失去了自己的歷史，步出了
自己的體膚，把主體的自我「客體化」到喪失它的程度。[49] 儘管他
對這些人懷有同情之心（「我的同類，我的兄弟」〔*mon semblable, mon
frère*〕），但他們的唯美主義讓他希望有意識地把握自己的歷史。
因為在他看來，這些人的現在主義（presentism）是故作姿態：是失
卻了意義的感知。讀到薩特筆下的波德萊爾（Charles Baudelaire）：

> 他憎恨進步，因為進步把一個制度的未來狀態當作現在狀態的
> 深部條件和解釋。進步，這是未來至上，而這意味著許多長遠
> 目標的合理性都要從未來的角度來判斷。[50]

列文森意識到，波德萊爾對永恆之現在的疏離感既排斥過去，也
排斥未來，這令他成為「『現代人』的開創者」。

> 什麼是「現代主義」？置身事外、**個人主義**，使波德萊爾既反對
> 自然，也反對工業⋯⋯什麼樣的「過去感」跟波德萊爾的「現在
> 感」是同一個意義上的「現代」呢？**人為建構出來的過去感**⋯⋯

48　見本書第59頁。

49　見本書第67頁。

50　Jean-Paul Sartre, *Baudelaire*. Translated by Martin Turnell, Norfolk: New
　　Directions, 1950, p. 159. 譯註：譯文參考讓-保爾・薩特著，施康強譯，
　　《波德萊爾》，北京：北京燕山出版社，2006年，第126頁，略作修改。

怎麼建構？「穩定而現成」的反應(有賴於**堅固的**傳統和**有限的**過去)從一個世界──完全是**現代的**世界，「現代主義」發生的環境(亦即馬爾羅的「想像的博物館」〔*Musée Imaginaire*〕)──之中消失了⋯⋯由於過去的這種巨大延伸，傳統的概念發生了劇變。傳統不再是某種給定的東西，由上一代傳給下一代，而是刻意建構之物⋯⋯亦即相當波德萊爾式──聽憑感覺把自己帶到任何所在，調色板上的任意混合──人類技**藝**的產物⋯⋯因而，一切「過去感」都是反歷史的。一方面，「建構」一個過去是反完整性、反複雜體系的，具有相對主義的所有內涵。另一方面──也許歷史**確實**與特殊有著必然的聯繫⋯⋯

普遍主義在根基上(即柏拉圖式)否認歷史；現代融合主義在表面上彌合各個歷史，這兩者都反特殊，並有別於介乎它們之間的浪漫主義的、國粹式的歷史主義，那麼它們之間有沒有某種聯繫？聯繫：傳統之弱⋯⋯這種選擇的自由是什麼？無非讓過去**成為過去**，博物館化──令現在脫離(**特殊的**)傳統權威，將其釋放以供普遍的選擇。

「所有的過去都是我們的」⋯⋯與「所有的過去都是他們的」：亦即涇渭分明的各個歷史在其成為過去的道路上(歷史──世上正在發生的；和歷史──我們所寫的：現在，帶著一種「思想話語世界」的意識，通過歷史類比)合流了。[51]

列文森樂於依戀自己的特殊過去。然而，如果心無旁騖地秉持這種依戀，就是十足的地方主義和純粹的浪漫主義。答案在於從他自己身上識別出人類的處境，從而類比的歷史創造出的各種關聯，或許能夠把他一時一地的特殊世界置於普遍的視角之中。

51　「列文森史學文獻」。

如此一來，波士頓猶太人列文森便可以與上海的知識分子們志趣
相投。在他如此有意識地闡釋自己的動機和假設時，他也發現，
如果一個人有察覺矛盾的勇氣，那麼矛盾就會帶來創造力。由
此，他學會了將中國人「博物館化」的失敗解釋為「對歷史進步的
信心」遭受的危機。由於中國共產黨人無力再「保護他們的中國
文化歷史」，他們也變得更加地方主義。也許這種狹隘主義有一
天會消解，但是列文森對此僅僅秉持有保留的信心。

xxviii

> 不管以這樣或那樣的方式（對方式的選擇令人心懼），中國都
> 將隨著世界主義大潮再次加入世界。文化中介者、文化革命
> 者——都不會永遠像擱淺的小魚或擱淺的巨鯨。[52]

因為，單靠簡單的世界主義是解決不了問題的。通過反覆究問他
自己（和中國歷史）特殊性如何能夠與某種普遍的世界史相調和；
通過拒絕接受馬克思主義和柏拉圖主義的元史學，或科技所造就
的毫無生命力的普遍性，列文森必須相信有一種新形式的世界主
義，「勃然新興」，從更早的各種世界主義的灰燼中崛起。這個信
仰就是歷史書寫，堅信**關於**中國與西方的話語必將代表中國與西
方**之間**的對話。

> ……某種真的可被稱為「世界歷史」的東西正在浮現，它不只是
> 各種相互分離的文明的總和。研究中國的歷史學家在書寫過去
> 時，可以有助於創造這種世界歷史……歷史學家將中國帶入話
> 語的普遍世界，有助於世界在不止於技術層面上統一起來……

52　見本書第84頁。

當對中國歷史的理解不傷害其完整性和獨特性，而且這種理解和
對西方歷史的理解相互強化的時候，我就看到了一個「世界」。這
兩種歷史彼此相屬⋯⋯因為觀察者的心靈可以換位思考彼此的
問題（而非移植彼此的問題）⋯⋯那麼，中國歷史應該被研究，
是因為⋯⋯我們試圖用來理解西方的那個話語世界，也可以用
來理解中國。如果我們能達到這樣的理解，也許就能有助於造就
這樣一個世界。書寫歷史的行動本身即是一種歷史行動。[53]

列文森本人對可理解性的欣賞和創造使他成為一個具有世界
主義關懷的特殊之人。在書寫歷史的行動——歷史行動——之
中，他知道他賦予了自己**和**歷史真正的意義。或許普魯斯特（用
約瑟夫深深欽佩的句子）能最好地為他表達這一信心：

⋯⋯於是我鼓起勇氣問道：「先生，您是不是認識那位⋯⋯那
幾位蓋爾芒特府上的夫人？」這個姓氏說出了口，我感到一陣
高興，就憑把它從我的夢幻中拽出來，賦予它一種客觀的、有
聲音的存在，我終於能對它有所作為了。[54]

加州伯克利

1971年1月

53　Joseph R. Levenson, "The Genesis of 'Confucian China and Its Modern Fate'," p. 287. 譯註：譯文參考《儒家中國及其現代命運：三部曲》，第213頁。據此處原文略作修訂。

54　Marcel Proust, *Swann's Way*. Translated by C.K. Scott Moncrieff, N. Y.: Random House, 1928, p. 180. 譯註：譯文參考：馬塞爾‧普魯斯特著，周克希譯：《追憶似水年華》第一卷，《去斯萬家那邊（第一部）》，台北：時報文化出版企業股份有限公司，2004年，第155頁。

作者自序

本書是〔原計劃〕在1969年4月北伊利諾伊大學發表的三次演 xxxi
講的文本。本書所依據的出版物大多非常稀見，收於香港中文大
學聯合書院圖書館關於中譯外國戲劇的獨家館藏。香港中文大學
和北伊利諾伊大學的朋友們對我多有關照，令我深深感激。

我還要感謝加州大學伯克利分校的中國研究中心和國際
研究所，以及美國學術團體聯合會 (American Council of Learned
Societies, ACLC)，1966到1967年我在香港的研究工作得到這些機
構的慷慨支持。

約瑟夫·列文森

加州伯克利

第一章

共產黨人的世界主義

長久以來，人們一直在思考「歷史」一詞的歧義，至少在英語中是這樣：人們行動的記錄，和人們書寫的記錄。在中國現代史上，這兩種記錄開始呼應了。像著名作家魯迅 (1881–1936) 那樣具有革命精神的人認為舊的精英文化已死，他們憎恨俯首聽命，就此安息，帶著「絲扇態度」講一些陳詞濫調。他們要創造 (和破毀)：創造他們自己的歷史，外不在政治上被外力打倒，內不在文化上後繼無人，讓他們的過去被牢牢凍結在當下。他們以世界主義精神所助力培育的那場革命 —— 通過對抗世界而加入世界，通過反對過去來擁有過去，但是令它僅僅是過去 —— 在文化意義上，可以被解釋為親自造就自己的博物館的漫長的努力。他們必須避免令自己成為展品、成為被保存起來供外國人賞鑒的古董。一言以蔽之，不讓外國人**以中國人為代價**成就其世界主義 (就像偏好布萊希特而不是歌舞伎 ——「給外國人看的」——的日本人所認為的，國人必須抵制的西方口味，是西方對於民族傳統藝術的狂熱)。

1

2

　　西方對中國的書寫也終於出現了與此相似的情況。學者們不再把中國描繪成靜物畫，供鑒賞家收藏，而是視之為在世界畫布上作畫的行動畫家 (action painter)。這不僅是在漢學家們長期關注古代中國之後給予現代中國它應得的關注。薛愛華 (Edward Schafer) 為中國早期歷史寫出了非常豐富的著作——《撒馬爾罕的金桃：唐代舶來品研究》和《朱雀：唐代的南方意象》,[1] 他讓我們看到了新的做法。將中國視為異國情調 (China as exotic，一種將中國納入西方意識領域的舊方式) 與思考中國的異國情調 (exoticism in China，一個普遍的主題)，這二者之間存在著天壤之別。

　　普遍的主題特別適合我們這個時代，一個「博物館沒有圍牆」的時代，封條被打破，不同的歷史匯聚在一起。世界歷史不能再被視為一個拼盤，只是彼此分隔的文明各自歷史的總和。歷史學家們正試圖將亞洲帶入一個話語世界，不是預設某種範式 (馬克思主義的，湯因比的，或任何其他的)，不是情感化地設計一個討喜的人造平衡 (西方對東方有多少影響，東方對西方有多少影響)，而是通過辨識相互的關聯。現在人們對中國歷史的興趣是普遍性的：世界主義者對於勃然新興的世界主義的興趣——它從世界主義的灰燼中 (像朱雀一樣) 崛起。儒家文人，「高雅文化」的 (常常是名副其實的) 官方承載者，在他們所定義的世界中曾經擁有世界主義的光環 (以及可以供他們瞧不起的地方性的人)。

3

1　*The Golden Peaches of Samarkand: A Study of T'ang Exotics; The Vermilion Bird: T'ang Images of the South*, Berkeley and Los Angeles: University of California Press, 1963 and 1967, respectively.

但當中國在一個更廣闊的世界概念中著手建立民族國家時，是新知識分子定義了民族國家的任務。一種源自全世界的新的文化定義了世界主義的內容。在新的世界氛圍之中，冥頑不靈而又傳統主義的儒家主義者徘徊不去，似乎自己也變成了地方的。他們退出歷史，進入了歷史。作為離場的方式，他們將其特殊的世界（對他們來說，這世界是普遍性的）——在那裏他們曾經是其專屬的歷史學家——遺贈給了普天下的歷史學家。儘管非其所願，但他們將世界主義的頭銜讓給了新中國的新青年——而中國現在已成為普遍世界的一部分，不再成其為一個自足的世界了。

將歌舞伎或中國戲曲納入西方經驗世界的努力，在中國以相反的方式得到呼應。自1915年「新文化運動」以來，西方戲劇（雖然比西方小說少）被大量翻譯成中文。這是儒家式微的一個標誌。即使是中國戲劇，雖然——或者因為——它們在中國很流行，在儒家「高等生活」中也從未被視為高雅藝術。儘管來自西方的物質創新最終被儒家知識分子勉強接受，但高雅藝術和「文化」（取其上流、風雅之義）仍然被認為應該受制於文人標準。但是現在，當一位中國知識分子為易卜生吸引時，他是躁動不安的知識人群體的一分子，而不是保守文人團體的一員。

躁動不安，或許具有革命性……而且無根？這些新的世界主義者，時刻準備用對西方精神和物質的追求來衝擊舊的世界主

4

義者，他們在現代中國史上是模糊不清的人物。不可否認，他們有一定的革命立場。這使他們至少有可能對正在興起的共產主義運動感到意氣相投，並友善待之。但是，儘管共產主義具有革命和國際主義的蘊含，在其用於斥罵的詞彙彈藥庫中還是有「無根的」──就像最後的儒生，帶著其傳統主義的陳詞濫調，卻有「國粹」一詞。「無根」(作為一種特別「資產階級」的弊病) 不僅對於「封建」儒家的情感是個衝擊，對共產主義者也是。

汪一駒教授在他那本出版於 1966 年的《中國知識分子與西方，1872–1949》一書中描繪了一個新的知識人群體，其價值觀和地位都不同於儒家「文人」，後者為臣─君式的舊世界設定了文化音調、政治節奏和經濟風格。他對新知識分子的追蹤迄至 1949 年，而不是始自 1949 年：在他構建故事時，它指向的不是共產主義的頂點，而是儒家和後儒家的衰與落。

這兩者是有區別的。汪一駒專注於西化運動的夭折，而沒有展示：為什麼這樣一個綜合了中國的 (「反帝的」) 和新的 (「反封建的」) 共產主義的未來，卻看上去既反對中國的 (但垂死的) 儒家的過去，又反對它的對立面和溶解劑──新的 (但是異域的) 西方的現在。現代中國歷史不是被呈現為對儒家文明毀滅的一系列回應，而是對儒家文明的背離 (確實如此) ──這種背離本身似乎就構成了毀滅。當汪一駒泛泛斥責新知識分子的機會主義個人主義時，他將這種弊端定義為對儒家公共服務精神的背叛，以及在新人們奉若至寶的城市環境中，疏離了仍然屬於儒家社會的鄉村 (「……而鄉村日常生活並未劇烈地改變，而且在很大程度

上仍信奉儒家的基本理念，經學生疏，學生便不能徹底瞭解傳統的社會秩序。」）[2]

　　然而，有機地來看，當中國知識人群體能夠表現出「經學生疏」時，「傳統的社會秩序」就不復存在了。造成知識分子背叛的，首先是儒家看起來被矮化到非儒家的地步，因此它只配得到不善思索的農民的愚忠。當儒家思想充滿活力時（即當它為知識分子提供思想，而後者是文人的主體時），它是世界性的：它不僅僅對應於「鄉村日常生活」。但是，當中國不再是世界而成為一個民族國家，或為此而奮鬥時，儒家在這個包含了中「國」的更大的世界中是地方性的。知識分子離開它，轉向一種新的世界主義，這確實使他們脫離了農民。而這讓他們受到譴責和控制，不僅汪一駒，還有毛澤東。不是因為背離了「前西方」的儒家規範，而是因為他們不能滿足「後西方」的共產主義要求。

　　直到1960年代中期的「無產階級文化大革命」，人們才感受到「無根性」一詞帶來的衝擊或毛主義所做回擊的全部力量。在1950年代，即共產黨全面統治的第一個十年，中國對世界主義持相當開放的態度。幾乎全世界都豐富了中國的舞台 (stage)，至少受邀翻譯。從這些共產黨贊助的翻譯作品，我們可以窺見中國革命的一個階段 (stage)：一個邁向世界的中間階段，介於革

6

2　Y. C. Wang, *Chinese Intellectuals and the West, 1872–1949*, Chapel Hill: University of North Carolina Press, 1966, p. 373. 譯註：譯文參考汪一駒著，梅寅生譯：《中國知識分子與西方：留學生與近代中國 (1872–1949)》，台北：久大文化股份有限公司，1991年，第155頁。引用時略有修訂。

命（但非共產主義）的民國階段與「文化大革命」的古怪退卻階段
之間。[3]

 ༺༻

　　1952年，一位中國的翻譯家在「羅馬尼亞偉大的現實主義作
家」卡拉迦列（I. L. Cariagale）誕辰一百週年時把他的戲劇作品選
集（由法語）譯成中文。[4]在三年後出版的這部作品集中，我們看
到中國共產黨人以其早期國際主義者的姿態，參加了兄弟國家的
慶典。這是最簡單的一種世界主義的表達方式，在社會主義朋友
之間締造共同的紐帶。

　　一位美國朋友艾伯特・馬爾茲（Albert Maltz）為他在1930年代創
作的三部帶有政治宣傳色彩的戲劇作了中文版序。他說他很高興劇
作被翻譯成中文，因為中國作為當今全世界的一種解放力量，在美
國進步人士的心中佔有獨特的地位。「我感激你們，因為你們是中
國人民，而我一方面是個國際主義者，一方面也是一個美國人。」[5]

3　較完整的外國戲劇作品中譯目錄，見香港中文大學聯合書院圖書館編：
　　《中國現代戲劇圖書目錄》，香港：香港中文大學聯合書院圖書館，1967
　　年，第45–84頁；又見張靜廬編：《中國現代出版史料》，甲編，北京：
　　中華書局，1957年，第271–323頁，收入1929年3月以前翻譯成中文的
　　西方及亞洲文學作品編目，包括戲劇作品。本書編者註：列文森教授去
　　世後，香港中文大學聯合書院圖書館又在1967年版的基礎上刊印了《中
　　國現代戲劇圖書目錄續編》，香港：香港中文大學聯合書院圖書館，1970
　　年，第47頁。
4　卡拉迦列著，齊放譯：《卡拉迦列戲劇選集》，北京：作家出版社，1955
　　年，〈譯者前記〉，第1頁。
5　馬爾茲著，葉芒譯：《馬爾茲獨幕劇選集》，北京：作家出版社，1956
　　年，〈中譯本序〉，第1頁。

馬爾茨和他的中國出版者指的是什麼呢？是「人民」這個紐帶：在雙重複數意義上的「人民」(peoples)。民族國家意義上的「人民」(national "peoples")——中國人民、美國人民，和四面八方其他國家的所有人民——還有作為一個國際階級的「人民」(the people)。這兩個概念在中文裏有不同的術語：民族，指有機的民族綜合體 (national synthesis) 中的**某個**族群，人民則指抽象階級分析中的**特定**群體。國民黨的「國民」是民族，一個完整的民族主義有機共同體。它暗示著一個民族的本質，即特定民眾，在與世界主義的對抗之中，超越諸多個體之上而自成一體。共產主義者也有這個詞。但他們所說的不是民族而是人民 (或以中華民族指代人民)，不是有機的集體生命而是一種集體主義的抽象——並非單一的、自足的，而是世界主義的。

在現代，民族主義已經成為對國民的一個不容置疑的道德要求。因此，在1920年代後期和1930年代，從1927年第一次統一戰線結束到1937年第二次統一戰線開始，兩黨互相攻訐對方道德上的醜惡：在外敵入侵時分裂國家，或者引狼入室以挽救某種階級立場。國民黨的民族主義者只要談談中華民族抵抗俄國人或日本人就可以了。他們可以譴責共產黨人是反民族的，因為據稱他們聽命於蘇俄，放縱階級仇恨，罔顧日本的威脅而分裂國家。但共產黨人在民族之外加上了人民，反駁這一指控。他們認為，國民黨 (綏靖日本，「剿匪」優先) 是對人民和民族同時施行的暴力：作為「人民」(大眾) 的對立面，它背叛了「(中華) 民族」。

　　由於共產黨人尊崇「民族」和「人民」兩者，他們可以同時是民族主義者和國際主義者。**以階級為基礎的**文化世界主義似乎與民族主義相輔相成，而不是損害它。因為所有民族國家的人民都應該有共同的追求，而每個民族（特別是中國）的人民幾乎都應該構成民族國家。如果本土資產階級不能與「人民」擁有共同的追求，他們就會被去民族化，被當作帝國主義者或其走狗，不配成為帶有「民族」意義的「人民」。

　　繼而，到1950年代，中國共產黨人已經對這種基於階級分析的民族主義進行了大量實踐。在日本的長期威脅和對日戰爭中，當名義上的「民族主義者」國民黨在1930年代初期反對統一戰線並在1940年代損害及破壞國共合作時，其民族主義立場受到質疑。蔣介石的政黨因懼怕革命而遭到全國範圍的挑戰。共產黨人利用他們的革命聲譽，同時抑制革命衝動，增強了自己的民族主義信用，耗盡了對手的信用。革命行動被暫停了，但是革命的承諾還在，充當了將國民黨與「國民」撬開的槓桿。因為「國民黨」讓自己很容易被歸為一個階級 —— 錯誤的階級 —— 這個錯誤的階級會為了換取庇護以反對「人民」而犧牲中華民族的主權。共產黨人當然樂於含沙射影，暗示國民黨依照最根本的分析（也就是階級分析）不可能是民族主義的，因為遵循人民的意志會使他們喪失階級地位。也許（在最溫和的影射中）蔣介石在中國孤立無援的時候確實反抗了日本。畢竟，侵略者威脅的是從毛蔣二人手中奪走權力。但是，當美國下決心終結日本時，統一戰線就終結了。國民黨歡迎美國來打贏戰爭（這樣就可以騰出手去打破

與共產黨的和平），繼而喪失了它本應在人民中具有的正當性。

這種階級和民族國家的概念可以被翻譯為文化術語，並激發對某些西方戲劇的翻譯。自然，在「人民中國」的初期，俄羅斯是尋求外國養料時最顯而易見的地方。在更早些的年代，對於許多中國讀者來說，情況也是如此，不僅是（不特別是）在戲劇上，也不僅僅是對共產主義者來說。1922年，非共產主義者鄭振鐸翻譯了俄國政治恐怖主義分子路卜洵（Ropsin）關於社會主義革命黨人的《灰色馬》（The Pale Horse）。儘管路卜洵1918年死在布爾什維克的監獄裏，但新晉共產黨員瞿秋白在1923年為他朋友的譯本寫了一篇充滿讚賞的序言 —— 向由俄國文學結晶演繹的偉大的「俄羅斯精神」、「俄羅斯心靈」致敬 —— 俄語文學是現代世界文學的榮耀，其歷史與革命思想史密不可分。瞿秋白認為，文學是民族精神和社會生活的反映。[6]

但到1950年代初已經很明顯，依賴俄國的材料只是一種權宜之計，這使得它遠不如中國人對外國戲劇更廣泛的探求那麼耐人尋味。在最初幾年（「解放」之前也做了一些工作），對蘇聯戲劇的翻譯比對其他的西方樣本更多。中國人以俄文翻譯展示樣板和宣稱與蘇聯之間的親緣性，其根本動機是藉此傳播意識形態。但在對非共產主義戲劇的翻譯中，意識形態似乎更像是手段而不是動機，一種實現世界主義目標的手段。某種外國的「高雅文化」

10

6　瞿秋白：〈鄭譯《灰色馬》序〉，見路卜洵著，鄭振鐸譯：《灰色馬》，上海：商務印書館，1924年，第1–2頁。

被變成了「人民的」──並且因而很適合於中國人民，因為「人民」是國際性的。

例如，卡洛‧哥爾多尼（Carlo Goldoni）比較晚才被迎進中國，是在他誕辰250週年之際。他不僅為意大利戲劇改革做出了卓越的貢獻（他的一位譯者如此說），而且還是世界的文化寶藏，是深受世界進步人類熱愛的戲劇家。[7]另一位哥爾多尼的譯者表示同意，並在他的讚美中再次講到這種介於「偉大的意大利戲劇家」與「世界文化名人」之間的完美平衡。[8]哥爾多尼的特殊優點是什麼呢？是**現實主義**：一個在1950年代極具合法化能力的共產主義術語，無論它的含義是哲學的（作為唯物主義者對唯心主義的反駁）還是社會學的（作為與「現實生活」、大多數人的生活有關的東西，而不是某種軟弱的、自認精英的、虛偽的存在）。因此，哥爾多尼是一位現實主義戲劇的開創者，至少他的兩位中文譯者是這樣說的，他的一生都在與貴族和封建勢力作鬥爭。[9]他的語言是人民大眾的語言──而「人民大眾」，在中國人的理解中，不僅是平平無奇的國際主義抽象之下的「人民大眾」，而且

7　哥爾多尼著，孫維世譯：《女店主（三幕劇）》，北京：中國戲劇出版社，1957年，〈關於哥爾多尼的「女店主」〉，第7頁。

8　哥爾多尼著，矗文杷譯：《善心的急性人》，北京：中國戲劇出版社，1957年，〈譯後記〉，第71–72頁。

9　同上，第71頁。又見孫維世等譯：《哥爾多尼戲劇集》，北京：人民文學出版社，1957年，〈序〉（焦菊隱），第4頁。哥爾多尼著，孫維世譯：《一僕二主》，北京：中國戲劇出版社，1956年，〈譯後記〉，第143頁。

是「老百姓」，具體地指代那些亘古長在的中國農民。[10]這明顯是一場世界主義的表演，它使用了某個特殊的中國術語，以一種泛泛的方式施用於**意大利**。一個平凡的詞，帶有中國氣息，令人聯想到某個特定的、作為民族國家的中國人民，帶有隱喻性地被注入意大利的環境之中。而「階級」前提，即「人民」的可互換性，將意大利特有的戲劇帶入了中國的環境。

　　巧的是，哥爾多尼的孫維世譯本是轉譯自意大利語原文的俄文譯本。這是世界主義螺絲釘的最後一圈，還是接近第一圈？共產主義階段早期的一些中國譯者會很自然地看向俄語，也會看向意大利語，但不那麼自然——不僅僅是出於政治原因。但無論如何，原本的哥爾多尼是一個特別適合於世界主義關注的主題，這一點毫無疑問。聶文杷的翻譯來自法文，但哥爾多尼原就是用法文而寫，不是意大利文——為慶祝路易十六婚禮而寫的劇本！

　　路易十六？為瑪麗‧安托瓦內特(Marie Antoinette)而作？在所有人(以及**任何**人中)，為什麼共產主義者會與此扯上關係？正是哥爾多尼與人民大眾的關聯使他免受共產主義者的蔑視。作為現實主義的標誌，他的作品據說都有「時代和地方色彩」，[11]而「地方」是**在地性**(locality)。一般認為哥爾多尼最好的劇本是那些用威尼斯方言、而不是意大利語寫作的。對於中國共產主義者來說，方言，本地或外省文化的語言——雖然注定要屈服於中央集權化、「民族國家化」的壓力——在(中國或任何其他)舊制度

10　同上。
11　《哥爾多尼戲劇集》，〈序〉(焦菊隱)，第4頁。

下具有原始革命性的「人民」地位，因為舊精英的「高雅文化」——
如此成熟的革命目標 —— 超越了地方區域。哥爾多尼把自己的
錨下在地方風味的18世紀威尼斯的死水裏，因此被證明是大眾
的。當他一路伸展到世界主義的巴黎、從方言到國際化的法語
時，他可以保留自己的人民之位。因為1950年代的中國共產黨
人在國內有選擇地既頌揚各個地方省份的老百姓的「俗」文化，
也頌揚世界主義儒家文人的「雅」文化 —— 只要後者已安全地死
去、被逐入歷史之中。因此，他們最傑出的成就可以被「民族
化」，即清除**活著的**階級特徵並將其「博物館化」為「人民的民族
遺產」。哥爾多尼，同樣，也可以獲得這種歷史主義的遷就。

　　從意大利到英格蘭，哥爾多尼到菲爾丁。在這裏，我們發
現了有強烈傾向性的、階級鬥爭的國際音符，而不僅僅是（中國
或外國的）普通人對古老高雅文化的獲取。「資產階級學者」並不
認為《咖啡店政客》(*The Coffee-House Politician*) 是菲爾丁的最高成
就。從他自己同時代的「正統派」文人到現代的美國「學者」（譯者
寫道），大家都説這部劇「是『下流的』、『粗糙的』、『是模仿而不
是創作』。但是禁演和誹謗只足以證明他們自己的卑劣和無恥」。
而人民理解它的價值。在蘇聯（院士被請出來作證），菲爾丁的
劇作享有很高的聲譽。因為它揭露了英國司法制度的黑暗，即英
國統治階級的醜惡面目。現在，菲爾丁的作品不僅在他的祖國受
到喜愛；它也是「全世界進步人類所珍愛的文學遺產」。[12]

12　亨利・菲爾丁著，英若誠譯：《咖啡店政客》，北京：人民文學出版社，
　　1957年，〈譯後記〉，第143–144頁。

菲爾丁和標準民粹主義版本的「正義(也是左翼)的勝利」
(Triumph of the Right, i.e., the Left)*的故事到此為止。莎士比亞——
另一個量級的太陽——是另一個問題,要求中國共產主義者給
予超出標準之外的待遇。其他人得忍耐他們的質詢,而他(有時)
是自由的。或者更確切地說,他是非凡的文化財產,任何人都會
覬覦,不需要過於在意階級資格,而共產黨人則直截了當地競購
了世界主義的股份。作家朱生豪在1935至1944年間翻譯了31部
莎士比亞戲劇。除了4部以外,其餘的都在1947年出版,並不
是在共產黨的支持下;但是1954年北京出版了朱生豪的全部譯
文。據稱這位譯者雖然在敵偽統治下(在上海)工作,但他「始終
專心壹志,堅持不懈……文字明白流暢,也多少保存了原作的
精神」:這是一個寶藏。[13]

但即使就莎士比亞來說,對絕對價值的簡單接受也是不夠
的。一種相對主義的、「分期」的意識形態被拿出來以證實他的世
界主義魅力。《亨利四世》的譯者謙恭地向奈茨(L. C. Knights)、
哈瑞遜(G. B. Harrison)等英國評論家致意,但他把一位名叫斯大
林的作者(關於民族問題的論述)作為他的主要外國權威。羅拉

13

---

* 　譯註:此處出於行文的意趣,借用了1945至1966年加州保守主義運動的
　　名稱(Triumph of the Right),並使用了"right"的雙關含義。

13　朱生豪譯:《莎士比亞戲劇集》,北京:作家出版社,1954年,〈本書出版
　　說明〉,第1頁。其他在中共建政後出版的莎士比亞劇作有《如願》(張采
　　真於1926年翻譯,1955年在北京作家出版社再版,〈出版說明〉中提到張
　　采真是「已經犧牲的革命工作者」)、《尤利斯·該撒》(曹未風譯,上海:
　　新文藝出版社,1956)、《羅蜜歐與朱麗葉》和《哈孟雷特》(兩劇均由田漢
　　翻譯,他後來成為文革一大批鬥對象)。

派 (Lollards) 和瓦特‧泰勒 (Wat Tyler) 被看作「人民的」領袖，在譯者的〈序〉上留下了印記，該〈序〉也強調了英國人民的形成。譯者說，因為史劇在16世紀下半期開始蓬勃發展，而當時封建制度在英國開始瓦解。這些戲劇的共同特點是形式通俗易曉、有著民族自豪的熱情和反封建的傾向。《亨利四世》是這一系列史劇發展的最高峰。而劇中的主角哈爾太子 (Prince Hal)，一位新型民族國家的英明領袖，站在了「時代潮流的前端」。將他戲劇化的莎士比亞不僅是他那個時代最偉大的詮釋者和記錄者，而且對於我們這個時代是「一個不可窮竭的學習和鼓舞的源泉」。他表現了封建制度的沒落，但對資本主義道路已經有所懷疑。從史劇到悲劇的轉變就是莎士比亞這種懷疑的表徵。[14]

這是介紹哈爾太子的傳奇故事譯本，還是在對他進行去情感的脫水 (倒不是說他不能脫水／戒酒〔drying out〕以勝任亨利五世的角色)？該〈序〉是無情的社會學式的，儘管在美學上有一絲讚許之意；畢竟，莎士比亞被判定為楷模，而不僅僅是時代精神的範例。但它是經過脫水的莎士比亞，是出口到共產主義國家的乾貨，他們可以將它濡濕後供自己消費。為英國而作的具體的、特定的讚歌變得抽象了：稱頌的不是英國人民，而是一個人民的時代，中國的紳士們會認為自己受到聖克里斯賓節的詛咒。*不是空

14　吳興華譯：《亨利四世》，北京：人民文學出版社，1957年，〈序〉，第2–7、12、22頁。

*　譯註：「聖克里斯賓節」(St. Crispin's Day) 是10月25日，用於紀念303年最早到法國傳教的克里斯賓兄弟。後在這一天發生了著名的阿金庫爾戰役 (Battle of Agincourt, 1415)，英軍以少勝多，擊敗了法國。莎士比亞

間——英國的、法國的、中國的——而是時間主導了人們的注意力。人們品味的是時代，而不是地點，這樣任何地方都可以參與其他任何地方的歷史，只要這些歷史看起來共享同一個過程和同一個結局。「現實主義」符合這種歷史主義的分期；它不容許唯心主義，因為唯心主義會脫離歷史（或連續遞進的「時期」）。1950年代的中國共產主義理論，就像任何地方的標準馬克思主義一樣，拒絕「人性」（human nature）。相反，歷史以各種方式造就不同的人性以適合他們的時代。人的本性不是普遍的，但他的歷史是。如果通向世界主義的某條道路關閉，那麼另一條道路就打開了。

在後一條道路上，一個中國人可以從英格蘭去德國，從莎士比亞到萊辛和席勒。萊辛《愛美麗雅・迦洛蒂》(*Emilia Galotti*) 的〈後記〉以恩格斯對18世紀德國的描述開篇：腐朽的封建制度，吸血的政府糟蹋商業、工業和農業。萊辛的戲劇是對當時的專制暴政發起的攻擊，其戲劇技巧體現出現實主義美學，極具匠心。[15] 席勒 (Friedrich von Schiller) 的《華倫斯太》(*Wallenstein*)，早在1930年代被資深左翼學者和文學家郭沫若譯為中文，並被看成是治療中國政體疾病的革命性的良藥。郭沫若在兩個問題上點明席勒與中國

15

在《亨利五世》第四幕第三場描寫了戰役前夕亨利五世發表的鼓舞人心的演講。末尾一段是：「我們，是一支兄弟的隊伍——因為／今天裏他跟我一起流著血，他就是／我的好兄弟；不論他卑下到極點，／今天裏他將有了紳士的身分。／而在英國的紳士，這會兒正躺在床上，／將要埋怨自己的命運，怎麼輪不到／他上這兒來；而且只覺得他這大丈夫／失了光彩，當他聽人說起，人家在／聖克里斯賓日怎樣一起跟我們打了一仗。」譯文來自方平譯：《亨利第五》，上海：平明出版社，1955，第158頁。

15　萊辛著，商章孫譯：《愛美麗雅・迦洛蒂》，上海：新文藝出版社，1956年，〈後記〉，第96、100–101頁。

的相關性：「時代」分期和普遍的戲劇模式 ——「人民的**針對反人民的**」(people-*versus*-antipeople)，郭說，這部戲劇的時間背景是三十年戰爭，是歐洲封建時代的末葉。而我們中國的社會還沒有「十分脫掉封建時代的皮」。而《華倫斯太》除了向我們展示我們所處的歷史時期之外，還向我們中國文藝界介紹了西方式的「漢奸」。[16]

法國，幾乎是每個世界主義者的祖國，也出現在翻譯家的名單上。田漢謹慎地避而不談梅里美 (Mérimée) 支持路易‧拿破崙 (Louis Napoleon，馬克思筆下的怪獸故事中的眾多惡棍〔*bête noire*〕之一) 這一政治恥辱，將《卡門》(*Carmen*) 獻給了人民共和國。有什麼理由不翻譯《卡門》呢？田漢說，它是現實主義的。而且它刻畫了資產階級壓迫，表現了當時軍官紳士的種種醜惡。此外 (但在接下來摧毀了田漢的文化大革命的數年中，這一點恰好揭示了《卡門》為什麼不應翻譯)，這個中文版曾於1930年在上海上演，大受歡迎。國民黨反動派曾禁演此戲，但現在，1955年，田漢將它 (修改) 出版。[17]

維克多‧雨果的一位譯者以一種更輕鬆、更自信的方式實現了從他的文本到國際主義的大躍進。譯介《寶劍》(*L'Epée*) 是1952年，在雨果誕辰150週年之際，他獲批成為「大文豪」，而他的中國倡議者隨即轉入在台灣和朝鮮問題上對美國的激烈抨擊。雨果

16

16　席勒著，郭沫若譯：《華倫斯太》，重慶：生活書店，1947年，〈譯完了華倫斯太之後〉，第219–220頁。

17　梅里美原著，田漢改編：《卡門：六幕劇》，北京：藝術出版社，1955年，〈內容說明〉。

的出色資質足以勝任我們這個時代的控方證人。他因反戰而受
到稱讚（但是這個讚譽很快就沒人提了）；反對波拿巴（這就更好）
和支持1849年的羅馬共和國；支持1863年的波蘭叛亂和克里特
島人對土耳其人的反抗，支持西班牙人建立共和國的奮鬥，支持
墨西哥打擊馬克西米利安（Maximilian）和法國殖民冒險主義。雨
果抨擊英法聯軍1860年焚掠北京近郊的夏宮圓明園倒沒有得到
特別的強調──這是良好的世界主義風度（但卻是差勁的文化革
命方式）。他為約翰·布朗（John Brown）被絞死而感到憤怒，這
是好的。在講完所有這些政治之後（但也沒有離政治太遠），在文
化上，雨果也是堅實可靠的：他蔑視為藝術而藝術。總而言之，
「雨果是進步的……但是歷史限制了他……」[18]也就是說，雨果的
表達方式，相對於他那個時代**可能**有的表達方式，對現代人來說
是好的。而法國的經驗，相對於普遍歷史中法國板塊具有的種種
可能性，對中國人具有啟發意義。

　　在法國文學的萬神殿，莫里哀（Molière）的地位比雨果更穩
固（當被問到誰是現代法國最好的詩人時，一個有名的回答是
「維克多·雨果，唉」）*。和莎士比亞一樣，莫里哀幾乎可以僅
憑自己的成就便獲得認可。誠然，《可笑的女才子》（*Les précieuses
ridicules*）和《打出來的醫生》（*Le médecin malgré lui*）被引入中國是
因為它們「忠實地反映了17世紀法國社會的全貌」，「具有高度現

17

18　維克多·雨果著，李健吾譯：《寶劍》，上海：平明出版社，1952年，
　　〈維克多·雨果──人類的戰士〉，第1–2、7、14–15、35頁。
*　　譯註：語出安德烈·紀德（Andre Gide）。

實性和人民性」。[19] 但是第二年，即 1958 年，《婦人學堂》(*L'École des maris*) 和《斯加納勒爾》(*Sganarelle*) 在北京出版時，則是直接呈現作品，沒有任何關於階級鬥爭或歷史分期的前言。或許，這只是本著讓「大文豪們」為人民的世界主義之中的人民所用的精神。但是在 1960 年代中後期，文化革命者對世界主義態度冷淡，對大文豪亦無甚熱情。當紅衛兵們的學堂已經停課，《丈夫學堂》(*School for Husbands*) 像大多數古老或外國的東西一樣，就更要被淘汰了。中華人民共和國早期的氣氛亦將被以奇特的方式改變。

　　所以，在《狼群》(*Les loups*) 中譯本的序言 (作於 1935 年，發表於 1950 年) 中表達出的對羅曼‧羅蘭 (Romain Rolland) 的五十年代式的崇敬也轉瞬即逝。他與天主教詩人克洛岱爾 (Paul Claudel) 的舊誼不成問題。他與托爾斯泰 (Tolstoy) 的師生之情可以接受。他的和平主義、以及他被「愛國主義者」攻擊的殊榮也有道理。他的蘇聯之行，他與高爾基 (Gorky) 的會面，都說得過去。翻譯《狼群》是正確的，可以顯示羅蘭「不屈不撓的為正義的精神」。[20] 但是，這樣的一天到來了：與天主教詩人的瓜葛、托爾斯泰式的靜默主義 (quietism)、對沙文主義的蔑視、對俄羅斯的機械主義觀點都是錯誤的、他「不屈不撓的為正義的精神」聽上去更讓人疑心是自我

19　莫里哀著，趙少侯譯：《可笑的女才子 (附打出來的醫生)》，北京：作家出版社，1957 年，〈內容說明〉。

20　羅曼‧羅蘭著，沈起予譯：《狼群》，北京：生活‧讀書‧新知三聯書店，1950 年，〈譯者前記〉，第 1–4 頁。

中心主義。羅蘭，「近代作家和思想家中最熱心和平運動的一位
堅強戰士」，不會被文化大革命接受，儘管「他的一生，無論是行
動，無論是著作，只是為了一個目的：反對帝國主義的戰爭，維
持民族間的和平」，儘管他的戲劇《七月十四日》(Le quatorze juillet)
講述了偉大的法國大革命，「表現了人民力量的強大」。[21]

　　回到一切開始於斯的俄羅斯，在 1950 年代初期，蘇聯是中
國重建的支柱。鮑羅廷 (A. Borodin) 的《伊戈爾王子》(Prince Igor)
被譽為「19 世紀歐洲民族派音樂的重要典範」。這是概念化 (世界
主義化) 的地方主義，而不僅僅是無意識的表達。歌劇劇本的中
文譯者王維克是一椿真正的世界主義事業的一分子，因為他是轉
譯自路愛納 (Jules Ruelle) 的法文版。王維克説，他 1939 年曾在上
海蘭心戲院 (Theatre Lyceum) 觀看了這個版本的演出！[22]

　　這讓我們看到了這種世界主義在早期共產主義中國的地位
之不穩定。《伊戈爾王子》(對中國來説) 是新的，而且是俄國的
(1951 年) 以及「人民的」或民族的，這些都沒問題。但 1939 年那
場在上海的演出 (**上海**，那年一半在日本人佔領下，一半是法租
界和公共租界)，在文革中國搜尋「牛鬼蛇神」之時，會產生令人
不安的迴響。

21　羅曼・羅蘭著，齊放譯：《七月十四日 (三幕劇)》，北京：作家出版社，
　　1954 年，〈譯者前記〉，第 1–2 頁。

22　鮑羅廷著，王維克譯：《伊哥爾王子》，上海：商務印書館，1951 年，〈譯
　　後瑣記〉，第 83、85–86 頁。譯註：王維克原文未見「民族派音樂的重要
　　典範」，僅稱鮑羅廷為「俄國音樂家中民族派 (當時之少壯派) 領袖之一」。

第二章

「資產階級」的世界主義（上）

　　從1949到1966年文化大革命開始，人民共和國經歷了許多興衰變遷。但是大體而言，至少有十年的時間，共產黨人與世界人民保持著聯繫。他們對「人民」有自己的階級定義，但他們並沒有忽視「民族」，而且歡迎進口文化（當然，經過精心篩選和解釋）。那時候工業化──一種中立的、國際的、現代的價值──是首要目標，並被認為是通向無產階級化的道路，而不是相反。專業知識、技術能力似乎起決定性作用，中國人邀請「資產階級」學生歸國做貢獻，以及「社會主義友人」（在很大程度上指俄國人）施以援手。

　　事實上，值得注意的是，外國戲劇的出版似乎在1957年之後幾近枯竭。這是「百花齊放」運動（「大學風暴」）的一年，也是毛澤東對學術─專業批評家和蘇聯「修正主義」式的謹慎態度心生不滿的一年。國內和國際上的分裂進程都已經發端。文化大革 命的混亂和爆發，雖然此時仍然是一小片雲，不過如毛的手那樣大，正在浮出海面。*

---

* 　譯註：此意象或來自《聖經‧列王記》18:44：「……我看見有一小片雲從海裏上來，不過如人手那樣大。」）

當初的開放性、相對寬容的國際主義視野從何而來？它如何促成共產主義和民族主義的結合？它又如何導致自己在文化大革命中貌似被打倒，讓這麼多曾被高度評價的國際藝術（例如我們討論過的那些戲劇作品）受到抨擊？

∽

共產主義中國：「……一個正在復興的中國力量，其領導者受到古老的民族文化沙文主義和現代極端革命主義的驅動。前者要求恢復中國的偉大並重新獲得其世界中心的地位。後者……某種終極的全球勝利。」[23]讓我們來考慮一下第一點（很多人都在擔心第二點）。的確，最晚近到18世紀，中國無疑是「偉大的」，而且它認為自己處於世界的中心。確實，它本身就是一個世界，它的價值是大寫的價值，它的文明是大寫的文明，是超越國界的野蠻的對立面。當中國是一個世界時，儒家「文化主義者」（culturalists）將傳統主義作為一種世界觀。但在20世紀，中國的民族主義者是反傳統的。[24]他們要麼是帶著「五四」精神、態度明確的新人；[25]或者，如果態度保守，他們會通過肯定舊事物

23　Harold Robert Isaacs, "Old Myths and New Realities," *Diplomat*, XVII, no. 196 (Sept. 1966), p. 41.

24　關於「文化主義」到民族主義的演進，見列文森所著《梁超與近代中國思想》（London, 1959）和《儒家中國及其現代命運：三部曲》（Berkeley and Los Angeles, 1968）。

25　1919年的五四運動，在政治上是抗議日本（一戰盟友、侵吞了山東省）及其中國政府走狗的風潮；在文化上則指向中國人的性情和制度，聲稱這是令中國無能為力、輕易被人玩弄於股掌的緣由。

這一行動本身而改變舊價值。比如,在作為世界之中的一個民族國家的中國,如果他們試圖保留孔子,他們就是傳統主義的(traditionalistic),而不是傳統的(traditional):他們有一個相對主義的概念——「國粹」,而不是一個絕對的信念。

那麼,民族情感,無論它在20世紀走向何方,都是在19世紀的基礎上向前發展,而不會退回18世紀。今天的中國所呈現的並不完全是一個「古老的民族文化沙文主義」景觀。因為在1839年和鴉片戰爭之後,中國的屈辱顯然是現代的。中國以前被打擊的時候,它的「世界中心地位」並沒有被威脅。沒有人把中心移開;征服者只是搬了進去。他們借用了天命,那層彰顯偉大的外衣。蒙古不是蒙古人建立的元朝(1260–1368)的世界中心,滿洲同樣也不是滿清(1644–1912)的世界中心。*中國是獎品,且中國仍然是中心,甚至——尤其是——在那些蠻族的受害者(他們是最憎恨征服的人)中間是如此。隨著野蠻人的罪惡在中國化的過程中(或多或少)被漂白,憎恨變成了接受。在反轉的世界中,中國仍舊是靜止點,仍然是「中」國。

但滿洲人的征服是這類征服的最後一次。在19世紀,表明中國之衰弱的那個多次出現的舊有形式——王朝混亂,誘使外敵進入——因為新的問題而變得複雜:技術落後和社會虛弱。中國可以被遠距離操縱。與滿洲人不同,現代歐洲人無需融入中國。中國人無法接納他們,同樣也無法將他們趕出去——只要

21

---

* 譯註:列文森此處所用王朝起始年代與通常的說法不同,分別以忽必烈成為蒙古大汗(1260)與皇太極改國號為大清(1636)為元朝與清朝的起點。

技術差距還在。通向地獄——以及通向**民族**復興——的道路是由新發明鋪就的。於是，從1840年代開始，一連串「自強者」將西方技術越來越多地帶入了他們的接受範圍，勢不可擋地，他們從被單純的軍事科學吸引變為被工業和政治科學吸引。純粹本土的價值觀的邊界縮小了，即使對於那些渴望保持社會地位和文化殊榮的官僚儒家來說也是如此。正當他們捍衛定義越發狹隘的「中國之體」時，那個為他們提供了帶有隱患的防禦工具（本應僅僅是提供用處的技術）的西方，正在將一種舊的社會類型——農村中的造反者——改變成原始革命者，並在通商口岸創造出一種新的社會類型，即受法律保護的資本家。出人頭地的新途徑和文化殊榮的新內容開始威脅到舊精英，即使後者本身正在改變儒學的基礎，將其從關於人生和行動之教誨的實質內容，改變為中國個性（individuality）的符號。

農村的造反者是太平軍（1850–1864）。他們用斷章取義的基督教來蔑視儒家思想，這部分是西方思想滲透的結果。西方的經濟滲透將地方性的社會怨恨推到了新的強度，將這些人推到了叛亂的邊緣。思想上的變節強化了這種怨恨。幾乎一致忠於滿清王朝的文人官僚和地主，譴責叛亂者是文化中國的分離者。因為太平天國宣稱的是民族中國（national China），在這個中國，一個異族王朝，無論它多麼贊同儒家，無論它在文化上多麼合法，在民族上它都是非法的。

這個王朝又倖存了一段時間，太平軍覆滅了。但是太平天國將文化上的偶像破壞和政治上的民族主義相融合，卻預指了20

世紀的思想革命。而他們將文化上的偶像破壞和原始的階級分析
（太平天國對地主的敵意與其反儒家思想密不可分）相結合，則預
示了那場革命的命運：被共產黨人所搶先。

～～

昔日，儒家「修德懷柔遠夷」的舊幻想遮掩著一個因貧弱「懷
柔」的嚴酷政治現實。但後來，這塊遮羞布被揭開了，新的征服
意味著中國的貶值，而不是征服者通過成為準中國人而膨脹。自
19世紀初以來，外來入侵只能培育出怨憤——對他人和自我的
怨憤——而不是自尊。

從在1919年五四運動中發端以來，中國共產主義就將這種
怨憤反映在它的兩個目標上。「反帝」打擊新的（或想要建立的）
民族國家的外部敵人；「反封建」打擊新文化在國內的敵人。這
種結合釋放了中國人對儒家之過去的反感，這種過去雖然奄奄一
息，但仍是中國的，有待被接受；同時也釋放了對西方式的現在
的反感，雖然它帶來活力，卻是外來的，有待被拒絕。既是中國
的又是新鮮的，而不是外國的抑或陳舊的：這就是共產主義的承
諾。中國民族主義，因其兩種親緣關係——政治上的自立和文
化上的革命——必然會滲透到共產主義中，使中國煥然一新。

那麼，到底新在哪裏？如果中國共產主義是強烈的民族主義
的，是裝入特殊容器中的普遍信條，那麼共產主義中國如何區別
於儒家中國？後者也具有普世精神和高度發達的對中國之自我的
體認。但它沒有共產主義中國所具有的**使命**感。

24

　　基督教的歐洲也有過使命感。在保羅的精神中，基督教普遍主義是超越文化、跨越歷史的。它促進了從基督教土地向新發現的土地（那裏有著潛在的基督教魂靈）擴張。然而，在儒家的普遍主義中，文化至高無上，歷史所向無敵。它的價值是普遍的，像基督教一樣，但儒家的普遍主義是一種標準，一個立場，而不是出發點。它適用於整個世界（全部的「天下」，包括「帝國」和「世界」，由「天子」統治）；而且它對所有人開放。但作為實用主義者的儒家承認文化差異是世界之道，總是在為「蠻夷」這個稱號生產候選人。標準的儒家思想與文化和歷史結合，並在根本上反救世主，從它的角度看，蠻夷始終與我們同在。正統的基督教超越文化和歷史（也就是區分「猶太人和希臘人」的標誌），從它的角度看，異教徒並不總是與我們同在：他們可以被尋獲和改宗。天國（The Kingdom of Heaven）不存在於這個世界上。但是中國（The Middle Kingdom），這個世界上均衡之完美的所在，天之下（under-Heaven），是在家園。儘管許多中國人離開了家園，但沒有人帶著任何儒家的自命不凡去證實某種福音。

25　　但是現在，新中國卻是世界的「福音」，從放眼全世界的玻利維亞們開始。中國稱許自己為革命的典範。據稱，這個典範適用，因為所有的「人民」（即帝國主義的所有受害者）都是兄弟。但這一典範是政治和經濟方面的。**在文化上** —— 指特定的、歷史的中國文化 —— 毛澤東對世界卻沒有任何開示。舊中國自稱模範，因為其他人和我不同，因此低於我。新中國自稱模範，是

因為它識別出了親緣關係——因有著受害者層面的共性和共同的命運，所以中國解放的模式也應該能滿足他國的需要。

18世紀末，在那另一個標榜中央大國的時代，一位（滿洲）中國皇帝沒太理會英國人的花言巧語：中國文化的根基不可能被移植到遙遠的蠻夷之地。乾隆的詔書，當然，是普遍主義的；中國的文明是英國之野蠻的試金石。如果說英國是死水，那麼從任何意義上都是由它與中國的距離所造成。但這種比較陳舊的普遍主義允許，甚至要求（作為其不可一世的助燃劑）西方對中國一無所知這樣一個事實。這是傳統的情況。然後，在乾隆和毛澤東兩個時代之間的過渡時期，中國變成了死水——一個受西方影響的對象，而不是靈感的源泉，或者令中國人可以凌駕於冥頑不靈者之上的源泉。而現在，當中國再次尋求成為源頭，成為世界價值的中心源泉時，已經是一個與乾隆時代不同的世界和一個不同的中國。「下層建築」（sub-structure，一般性的社會制度），而不是「上層建築」（superstructure，一種特殊的中國高雅文化），是其模式。世界的關注，而不是漠不關心，滿足了中國的自尊。

26

從前的北京疏於向喬治三世贈送英文版的儒家經典。但現在的北京深思熟慮，用英語、西班牙語、阿拉伯語和其他語言向四面八方傳播「毛澤東思想」。在經歷了一個世紀的輸入之後，也許應該用影響的輸出來恢復一下收支平衡。對中國領導地位的這

一設想可以帶來民族主義的滿足。但這取決於一個國際主義的前提。毛澤東的態度十分明確，他所展現的姿態並非一位為世界開藥方的中國聖人，而是一位世界聖人，位居一系列聖人之中（馬克思、列寧、斯大林……），將中國——以民族主義精神欣然地——帶向歷史前沿，且是每個人的歷史的前沿。對於文化主義的儒家精神（乾隆）來説，中國歷史是唯一具有意義的歷史。對於民族主義的共產黨人（毛澤東）來説，滿足感來自於讓中國歷史對於世界具有意義。

　　這是因為要「復興中國的偉大」，需要終結對中國連續性的信心在一個世紀以來遭受的毀壞。「西化」，這個自鴉片戰爭以來的幽靈，威脅著要將中國歷史轉軌到西方的脈絡之中，彷彿在全世界擴張的西方擁有從過去到未來的唯一路線。毛澤東不是義和團式的排外者，他已經準備嘗試西方路線；但毛澤東也不是「無根的世界主義者」，他不準備將自己與故土割離。所以他得出了一個現代的綜合，而不是「古老的民族文化沙文主義」。他看到，擁有一定程度的馬克思列寧主義血統可能會確立中國的領導地位，而不是令它陷入仰賴他人鼻息的處境。為了恢復中國歷史的連續性，毛澤東堅持馬克思主義歷史的連續性。毛澤東渴望獲得世界領導地位，為中國帶來榮耀，他聲稱即便是公開從國際資源中汲取的東西，也被他拿到中國，創造性地加以豐富。認為「中國人」（民族主義者）或「共產主義者」（國際主義者）之間非此即彼是不允當的。毛澤東通過汲取外國歷史中的材料，有意識地將自己置身於中國歷史之中。他不是主持恢復「舊中國」這一意義上的

中國人。他是中國人是因為他希望延續中國歷史，不是重複歷史
（因為必須「反封建」），也不是結束歷史（因為必須「反帝」）。

　　所以，毛意在成為中國的民族主義者和馬克思主義的理論家。
他從西化的熱情轉向現代化的熱情，將這兩個角色結合了起來。
1919年，毛澤東以西化的思路，痛斥中國社會制度的落後。儒家的
思想生活是僵化的。儒家社會瓦解了，毫無吸引力。但西化很難
長期吸引他或他的許多同胞，因為導致他們不滿的是他們對中國
的認同。現代的而非「西方」的中國，仍然可以是「他們的」而不再
是傳統的。在馬克思主義時間尺度的幫助下，中國或許可以擁有
屬自己的一份現代時間——對一個大國來說，將是一大份——
而不是服從西方。階級分析確定了進步的階段，階級鬥爭提供了
發動機：馬克思主義，特別是列寧主義的反帝國主義，可以實現
中國的民族主義。馬克思主義和民族的熱情似乎可以相互促進。

　　最終，讓中國在西方和蘇聯看來如此不祥的原因，是毛澤東
在螺絲上擰的最後一圈：中國民族主義被帶到前台，以實施馬克
思主義（至於無產階級化，則被彰顯來實施工業化）。如果中國能
夠擺脫內部的「對抗性矛盾」，中國最終將成為毛澤東的導師李大
釗在1920年所說的——一個無產階級的國家。一個**真正的**無產
階級國家，還有其他「帝國主義的受害者」緊隨其後？正如斯圖爾
特·施拉姆（Stuart Schram）所說，如果中國人民是一個革命階級，
那麼民族主義者和革命者就是一體的。[26]中國人通過在他們的國

28

26　Stuart R. Schram, *The Political Thought of Mao Tse-tung*, New York: Praeger, 1963, p. 26.

家建立一個無階級的社會，將在世界這個社會中構成一個階級，或一個階級的先鋒隊。這種幻想與任何儒家的永恆復歸都沒有關係。無論多麼弔詭，它都是源自一種用於補償失落了的儒家思想的世界觀。就像現代西方一樣，舊中國將被埋葬在歷史中。蘇維埃俄國也是如此，而**新的**無產階級、新的中國，為自己獲取了**昔日**（quondam）救世主的恩典。救世主責任自負（Caveat redemptor）。*

中國共產黨人聲稱既代表民族又代表人民。蘇聯「修正主義者」和美國「帝國主義者」召喚著中國資產階級餘孽，而這些餘孽還在抹黑人民中國。中國資產階級，如果他們看起來堅決拒受「毛澤東思想」的影響，就可以被譴責為非民族化了。國際主義術語——人民（因為有「世界人民」，站在中國一邊）成為了民族主義的辯護者。

〰

更早一代的激進分子，「中國文藝復興」（圍繞1915年創辦的《新青年》等期刊和1919年的五四運動展開）的領導人大體上都公開宣稱是民族主義者。這意味著他們在字面和比喻的意義上都是反地方主義的，具有一種世界主義的文化驅動力，這將他們作為民族主義者與義和團的排外主義區分開來。他們將歐洲作為中國的榜樣（逆轉了18世紀西方世界主義者的思路）：「中國文藝復興」

---

* 譯註：此處存疑，似出於行文意趣，化用了西文諺語 *Caveat emptor*（買家責任自負），redemptor 則有救世主之意。

被設想為歐洲文藝復興的對應。科學、白話文學和民族認同被假定為西方和中國歷史的共同議題，被加以平行分期，古代……中世紀……文藝復興現代性。這種平行雖然需要設法尋找，但卻令人信服 ——正因為它需要設法尋找。

因為在初生的中國民族主義中，隱含著用民族忠誠代替文化忠誠；新的文化價值並不是源於本土。中國「文藝復興」的人們在走一條歐洲路線，而不是真正平行地在歷史中滑行。他們在空間（中國空間，受到西方衝擊）中感到不舒服，不得不在時間中尋求安慰，對每個人來說都在不斷流逝的「現代」時間。但是文化演進這個歐洲的過程，與文化轉型不同。文藝復興與「中國文藝復興」不同，在基督教世界中構建民族國家與將「儒家世界」轉化為民族國家也不是一回事。如果這個類比以前是有效的，下面這點會讓它失效：在歐洲創建諸國的那個過程會將中國分割成多個省份。世界主義的關懷卻有著民族主義的託詞，這使得中國的世界主義者（在新的宇宙，而不是舊的天下）仍然將中國視為一個整體。中國是這樣，但歐洲卻不是：統一 ——包容各方的民族國家——是對文化崩潰的一種必須的補償（也是治療的藥方）。對於中國來說，既在文化上被切斷又在政治上被切分太不堪設想。而且這兩種情況中的第二種，必將使第一種永遠地持續下去。

那麼，一種世界主義文化，旨在富國強兵：在少數人的頭腦中，這兩者是連繫在一起的。為什麼是少數人？「無產階級文化大革命」說明了原因，並說明了中國民族主義在走向何方。

30

〜〜

　　在1920年代和1930年代，尤其是在上海，出現了世界主義的中國邊緣。在其明顯的「反封建主義」中帶有革命的色彩。但它看上去疑似「帝國主義的傀儡」，或者即使不是半封建的，也至少是半殖民地的。脫離了**民族**，它就不具備任何**人民**的救贖特質。它無可救藥是資產階級的，雖然對於經典馬克思主義而言，資產階級是民族主義的，但對於中國共產主義而言，資產階級最終是反動的國際主義者。

　　當上海或北京的這些人只是為了在中國有一些「先進藝術」的新鮮空氣而翻譯皮蘭德婁（Pirandello）或施尼茨勒（Schnitzler）時，他們怎麼會是「民族的」，遑論「人民的」呢？皮蘭德婁的譯作1936年在上海出版時，譯者滿懷希望地懇求「官方或私人的文化團體能夠把他和他的劇團請到中國來公演，使我們對於他的藝術有一個機會作正當的認識」。[27]在翻譯高妙的施尼茨勒的作品時，譯者也頗費心思地要表現得高妙，指出德國和奧地利的戲劇雖然用同一種語言書寫，但在精神上卻大不相同。普通人搞不清楚，但一個代表著柏林精神，另一個則代表著維也納精神。我們的譯者，顯然不是普通人（也不是為人民提供人民作品的供應商），他只有這些謙卑且不具有突出社會意識的目的：通過一部代表作來介紹一位有代表性的奧地利作家，介紹施尼茨勒的精神

27　皮藍德婁著，徐霞村譯：《皮藍德婁戲曲集》，上海：商務印書館，1936年，〈皮藍德婁〉，第16頁。

和藝術。[28]這隻精心修剪的手不可能舉起任何紅色的旗幟。從任何共產黨的標準來看，這些都不是嚴肅的目標。

嚴肅的共產黨人也幾乎不可能和米爾波 (Mirbeau) 笑到一起，後者的中文譯者寫道，在 1928 年的法國：「讀米爾波的短劇常使我們發笑，但這笑不是滿足的笑，是苦笑。」[29]「我們」：……*l'homme*（一個世界主義者可能會這麼説），不是中國人或法國人，而是**人**，啟蒙運動為普遍人性準備的容器。無論階級或民族都不能標識這樣一種空白的普遍主義 —— 不能假設歷史的過程會損害它 —— 對於忠誠的共產黨員來説，這是資產階級的世界主義，它到處尋找經驗，因為一切都適用。一切都可以跨越歷史而得到共享，或者已經隱秘地被共享了。

資產階級的世界主義有另一張面孔，既是後啟蒙運動的也是後儒家的，二者都同樣不見容於共產黨人。這種文化不是直接洞察普遍人性的元文化，而是各種文化經驗的集合。這不是某種準柏拉圖式的反歷史，切開面紗直達「一」；相反，它暗示著**諸多歷史**的終結，因為它們累積成了唯一。因此，康各瑞夫 (William Congreve) 的一位譯者於 1937 年在上海宣稱，戲劇是中國文學體裁中最不發達的一種，他認為英國戲劇在實質上和意義上都遠遠超過中國戲劇，在世界文壇佔有非常重要的地位。然而，譯成中

32

28　顯尼志勞（即施尼茨勒）著，郭紹虞譯：《阿那托爾》，上海：商務印書館，1922 年，〈序〉，第 1–2 頁。

29　米爾波著，岳煥譯：《米爾波短劇集》，上海：啟智書局，1929 年，〈小序〉，第 3 頁。

文的卻寥寥無幾。所以王象咸會嘗試翻譯《如此社會》(*The Way of the World*)，儘管劇中的很多精彩之處很難用其他語言傳達。對於一個初次接觸西方文學的人來說，就像是第一次接觸西餐：一種特別的滋味。[30]

食物的類比是相當貼切的，其他譯者也想到了這一點。當然，個人總是會有獨特的口味，但在現代(當人們可以說「世界文壇上的」英國文學時)，不同的國家，即使它們在歷史上各有特色美食，也不可能完全阻隔源自外國的口味。畢竟，中國菜在西方各國成為外賣，並不僅僅是以國際主義的風格把佳餚簡化成某種大眾性的炒雜碎，而是為了在世界主義領地上的許多風格中添加一種——資產階級，而不是無產階級的國際主義。1935年巴若來《漁光女》(Pagnol, *Fanny*)的中文譯者寫道：人(在此重申，指那個無分軒輊的概念)需要的「糧食要分為兩種：一種是有形的，如『稻粱粟，麥黍稷，馬牛羊，雞犬豕』……一種是無形的，如文藝，美術，音樂……故此文學家寫一本書出來，就是社會上人的一碗菜，我們希望人家吃下去，多少總要有點益處，至少也要是養生的食物，而不是害生的毒品……現在我把法國剛剛出鍋的菜，搬點到中國來，請大家吃吃西餐」。他稱讚巴若來的思想，「不偏於右，也不偏於左，他是只寫純粹的社會真相」。[31]

---

30 康各瑞夫著，王象咸譯：《如此社會》，長沙：商務印書館，1941年，〈自序〉，第1–2頁。

31 巴若來著，鄭延穀譯：《漁光女》，上海：中華書局，1936年，〈序〉，第1–3頁。

較之上述譯者，著名的無政府主義作家巴金具有更明顯的傾　　　33
向性。但他更支持同質性的「薯條配一切」（*Chips with Everything*）
而不是兼收並蓄的瑞典自助餐。*萬國世界語大會曾經特地選
出亞米契斯（E. Amicis）寫於1906年的《過客之花》（*La floro de la
pasinto*），將之翻譯成這種複合語言公演。巴金把他1933年的中
文譯本獻給「我的世界語同志們」。[32]這種去民族化的世界主義情
懷對中國共產黨正統的同志們沒有什麼吸引力。國際語言的國際
主義本身並不讓人討厭。但是世界語的合成特質使它很難與有根
的中國人產生關聯，無論在「民族」還是「人民」的意義上。

在無遠弗屆的世界語的另一極，是局於一隅的地方方言。在
這裏共產主義者也會得到一些同情：就像國際主義以自己的方式
所做的一樣，在國家之下的地方表達（因為它既構成也削弱了舊
精英的「高雅文化」）也希望得到共產主義者的支持。但是，在西
方發出愛爾蘭文學之聲的約翰·米林頓·辛格（John Millington
Synge），他的愛爾蘭（英語）方言作品卻不太適合成為翻譯的候
選。他的中文譯者在1926年使用了一種「普通的話」（白話），但
他承認**地方方言**的傳神效果已經喪失。他希望（多麼堂吉訶德式）
當他在上海做的翻譯有機會在各地方上演時，當地人會用當地方

---

*　　譯註：「薯條配一切」除指英國常見菜餚，也是阿諾·維斯客（Arnold
　　　Wesker）1962年的話劇。該劇主角皮普（Pip）是社會主義者，他拒絕被提
　　　拔為空軍軍官，堅持做一個普通小兵。

32　　亞米契斯著，巴金譯：《過客之花》，上海：開明書店，1933年，〈譯者
　　　序〉，第4頁。

言再翻譯一遍。[33]這頗具辛格的精神：辛格本人就讓維永（François Villon）用愛爾蘭村婦的口氣講話。*但辛格的精神始終是懷舊的、反工業的，無疑與中國的共產主義精神格格不入。辛格的朋友格雷戈里夫人（Lady Gregory）的譯者也沒能讓愛爾蘭人在激進的中國人中間更走運。黃藥眠說，他無意利用愛爾蘭的國劇運動（Irish National Theatre）「在中國來提倡什麼國家主義，亦不是想學什麼浪漫文人睡在鴉片煙床上來提倡什麼農民文學」。他只是想在中國戲劇運動的高潮中介紹格雷戈里夫人。[34]世界主義的質樸天真令人欽佩！為藝術而藝術，別無他求──在中國傳播這一訊息會變得越來越難。

傑出的文學學者周作人讚揚高乃依（Corneille）使得法國戲劇不僅僅是一種群眾娛樂的工具，共產黨人可能會覺得他這種說法可以接受。「群眾路線」決不是讓共產黨人不顧嚴肅的目的來迎合群眾的趣味。但是周作人繼續往下說，就遇到了麻煩。他太單純，太脫離現實了。如果不是上面提到的工具，法國戲劇開始**變成**什麼呢？「純粹之藝術，」周說，[35]而「純粹之藝術」是不會得到褒獎的紅綬帶的。

33　郭鼎堂（郭沫若）譯述：《約翰沁孤的戲曲集》，上海：商務印書館，1926年，〈譯後〉，第3-4頁。

*　譯註：維永（François Villon）是文藝復興時期的法國詩人，辛格曾經翻譯他的詩作，收於 Robin Skelton ed., *J.M. Synge: Collected Works*, Oxford: Oxford University Press, 1962。

34　Gregory 夫人著，黃藥眠譯：《月之初升》，上海：文獻書房，1929年，〈序〉，第3頁。

35　周作人：《歐洲文學史》，上海：商務印書館，1918年。譯註：列文森原著未提供頁碼，當為該書第39頁。

高乃依的純藝術是另一位文人的工具。《希德》(*Le Cid*) 的譯者說，它「為法國民眾和學生的標準讀物，也許我的譯本可以為中國民眾和學生的標準讀物呢。」祝你好運。「至少，這是我的一種希望。」「在中國，莎氏〔莎士比亞〕是幾乎無人不知的。」好吧……人民顯然不在他的視線和腦海中。「郭氏〔高乃依〕則難得被人道及……通常法國人終說莎氏是『野蠻的天才』(a Barbarian of genius)，而受了英文教育的國民則說郭氏是『文明的庸才』(a cultivated mediocrity)。」[36]

我們的這位翻譯家算得上是文明的資產階級。在中國，還有什麼世界主義能比講這種西方人的圈內笑話、展示這些文人相輕（高乃依的謹嚴、莎士比亞的奔放、亞里士多德的三一律）更對人胃口？而且說到底，還有什麼比做法文翻譯、而不是英文翻譯更世界主義呢？20世紀法國在文化之外的相對衰落，使法語成為最純正的文化修養語言；說英語的人更可能，而且極有可能，只是粗鄙的、功利主義的奴才，為帝國主義的商業和政治服務，而不是為莎士比亞服務。但是，"bourgeois"（資產階級）這個優美的法語詞和世界主義的類型，在某些圈子裏，仍然與「野蠻」、「庸才」或「走狗」一樣是帶來麻煩的貶稱。

一個人能達到怎樣的世界主義？能夠區分莎士比亞和高乃依是一流的。但是，文豪人人皆知。如果某位譯者能夠挖掘出一些

36　郭乃意（即高乃依）著，王維克譯：《希德》，上海：生活書店，1936年，〈郭乃意和他的《希德》〉，第7–9頁。

名不見經傳的人，不厭其煩地辨析亨利・巴達一(Henri Bataille)
和梅特林克(Maeterlinck)的差別，[37] 他就是在更細膩地展示其理解
上的精妙，上演世界主義的炫技曲。在1930年代覺得用這樣的
小把戲可以給人留下深刻印象，這表明新的世界主義在中國的滲
透，遠遠超出了中國的「文藝復興」時代，當時只要 (tout court) 是
「西方戲劇」就至少會有些許轟動。早期對西方藝術的興趣在舊
式儒家世界主義上造成了裂痕。後來對細緻差別的追求本身是世
界主義的。而這也是它本身的錯誤——因為致力於這一探索的
中國知識人群體和其受眾是如此之少。中國知識分子如此超然於
中國之外，這是革命性的。但如此超然的知識分子很難受到中國
革命者的歡迎。

36　　　從高妙的見多識廣到成熟的玉米 (ripe corn)，或重彈老調
(chestnut)。*《茶花女》(La dame aux camélias) 或許是在中國最出
名的法國文學作品，在1930年代被改編搬上中國舞台。1920年
代蕭伯納 (Bernard Shaw) 的一位世界主義擁護者對小仲馬 (Dumas
fils)——和斯古萊博 (Eugène Scribe)——這兩位老派法國人的摯

37　巴達一著，王了一譯述：《婚禮進行曲》，上海：商務印書館，1934年，
　　〈著者小傳與本劇略評〉，第1頁。

*　譯註：「成熟的玉米」或來自艾略特 (T. S. Eliot) 1941年的詩作："The
　readers of the Boston Evening Transcript / Sway in the wind like a field of ripe
　corn"（《波士頓晚報》的讀者/在風中搖擺，宛如成熟的玉米地）。原作意
　在揶揄大眾聽憑宣傳工具的控制，如同成熟的玉米在風中搖擺，等待收
　割。亦有人認為此處只是諧 "corny"（老套）之意。

愛持保留態度，因為那時歐洲的戲劇界都在鋭意創新。[38] 但《茶花女》的譯者指出，林紓譯的小説版「實在開了我國新小説的風氣」，並稱原作「對於法國的文學創一條新道路」，而在中國的劇場（他接著説），「好像對於我國新文藝的運動也很有緣分」。[39] 如果真是這樣，這就表明民國時期的「新文藝」在共產主義者看來將多麼成問題，對他們來説，一個關於第二帝國上流社會（haut monde）裏某個交際花（demi-mondaine）的感人故事是不可能有什麼教育意義的。在他們的中國，自有更加新鮮的文學和藝術，毛澤東（和他的妻子江青，文化大革命的戲劇女沙皇）對小仲馬和《茶花女》體會不到什麼「緣分」。

另一樁所謂的「緣分」卻只遭到冷遇。果戈里（Gogol）的《婚姻》（Marriage）的譯者描述了沙皇俄國社會的特權階層對法語的偏愛。譯者把它改譯到中國，在那裏，英語是上等社會的語言——他説，特別對於年輕女士來説，是必需品（de rigueur）。[40] 讓我們想像這群女性的優雅風度，敬畏地思考一下共產黨人可能的反應，然後繼續前行，（即刻）在世界主義舞台上走最後一程，到史特林堡（August Strindberg）。

38　潘家洵等譯：《蕭伯納戲劇選集》，香港：萬里書店，1959年，〈戲劇家的蕭伯納〉，第1頁。譯註：當為《華倫夫人之職業》，「蕭伯納戲劇選集」是叢書名。

39　陳綿譯：《茶花女》，長沙：商務印書館，1937年，〈序〉，第22頁。

40　果戈里著，馮驥改譯：《結婚》，上海：奔流社，1939年，〈改譯者的話〉，第2頁。譯註：此處列文森的理解似有偏差，原文為「其實中國的上等社會裏的女子，就使不會説英語，也不是怎樣失面子的事」。

有了這位陰沉的厭女者，他的某位中文譯者就走出了少女花影 (the shadow of *jeunes filles en fleur*)，但卻過不了共產黨人的林中關卡。他在談到史特林堡的《父親》(*The Father*) 一劇時説道：「凡是敘述十九世紀歐洲文學思潮的人，沒有誰會不提起這部名劇的。」[41] 這又是「純粹」的世界主義 ——正因如此，是「資產階級的」——對19世紀的歐洲幾乎是超然的眼光，為思潮而思潮。從中找不到線索可以將瑞典或歐洲視作為中國提供經驗教訓的土地，也沒有戲劇來傳達這些經驗教訓。正如我們在1950年代所見，以及兩次世界大戰之間的歲月所將見到的，中國大部分世界主義都是旨在幫助激進的中國目標，其中之一就是女性主義。史特林堡「對於婦女的厭惡」(譯者特別指出) 對共產黨人或「新青年」革命者來説是「不值得批評的」。《玩偶之家》(*A Doll's House*) 在斯堪的納維亞的名單上更符合他們的速度 ——儘管出於有趣的原因，個人主義者易卜生 (Ibsen) 在征服激進知識分子的過程中被減速，並在文化大革命中被完全終止。

41　史特林堡著，黃逢美譯：《父親》，上海：啟明書局，1938年，〈小引〉，第2頁。

第三章

「資産階級」的世界主義（下）與共產黨人的地方主義

在帝制中國，儒家文人是要承擔社會責任的。民國時期，許多文人都保持著這種對社會的責任感；儘管出現了過多的野心家和機會主義者，受過教育的精英仍被視為一種公共資源。但使他們成為精英的教育，以及他們意在用來解決中國問題的教育，是一種新的教育，是西方的或是受到西方啟發的，這使他們面臨著被視為帶有「無根的世界主義者」特性的風險。在民族主義時代，雖然國家需要他們的貢獻，但是他們還是很容易受到非民族化的質疑。作為中國知識分子，他們仍然具有濃厚的「文人」心態，渴望為公眾服務，他們看到（也幫助確證），由自立自足的文人構成的儒家的舊世界主義現在是相當地方性的，相當狹隘。看到這一點，新世界主義者似乎正在走出他們的體膚，將主體的自我客體化：也就是「異化」。而人民大眾，無論他們是否認為這些知識分子異化，都肯定將他們視為異類。在過往的社會裏，文人與農民之間只有天然的距離（各行其是，但同在一國之內）。現在，在巨大鴻溝的兩側，又有西方（西化）的和中國的。孟子所假定的勞心者與勞力者之間的有機聯繫，已經不合時宜了。

　　一位勞心者是胡適。他是白話文學的鬥士、古典權威的顛覆者，也是科學和科學方法的代言人。在所有這些方面，胡適和戲劇的翻譯者們一樣（他自己也嘗試過翻譯易卜生），都與共產黨人有些共同點。但主要是分歧，兩種分歧。第一種是在胡適和中國共產黨的第一位領導人陳獨秀之間。胡適和陳獨秀都反對反西方，蔑視那些主張「中國精神」對立於「西方物質」的偽善的説教者。*陳獨秀雖然不認同這個藥方卻接受了這一表述，即中國一直以來確實是一個精神（或幻象）的堡壘，但是其牆壁應該被夷平，而不是被捍衛。胡適並不認為中國和精神必然是一體的，他替科學和西方文明的合理性辯護，不是通過貶低精神，而是把「物質主義的」西方——恰好因為它的科學——與一個更高的「精神」聯繫在一起，而這是反科學的中國無法企及的。胡適還指出，中國並非一直都是如此固執地反對科學，因為它過去曾有一些令人印象深刻的談科學方法的著述。在這個問題上，我們需要指出胡適對印度的偏見，他的潛台詞是説，如果按照現代科學的標準來衡量，中國的本質還不算很糟糕，只要它能夠擺脱佛教玄思和「印度化」。因此，胡適並不像陳獨秀那樣（以其自己的方式）接受中西之間精神與物質的二分，而是對傳統勢力持有更冷靜的態度。作為一個在1920年代主張漸進改良的人，胡適與陳獨秀分道揚鑣也在情理之中。

　　但這對於1950年代的毛澤東也是恰當的，他也早已與陳獨秀分道揚鑣。毛澤東幾乎和胡適一樣，談論的是吸收中國傳統的

40

---

*　　譯註：指梁啟超。

優秀元素，並將它們與外部世界的優秀元素結合起來。然而，毛澤東不喜歡胡適，在其他方面也不像胡適。正如賈祖麟（Jerome Grieder）在他對胡適所做的精湛、全面的研究中所說，胡適的科學主義「造就了他，使他在一個憤怒的民族主義時代，更適宜作一位世紀公民，而非國家公民……面對中國廣泛的民不聊生，他不像別人那樣容易義憤填膺，而是慶幸自己生活的時代擁有解除他們疾苦的工具，至少在理論上。」[42]胡適的配方是，他既是對抗文化保守派的快樂的現代主義戰士，也與反帝國主義的革命者不相為謀。這是他所樂於佔據的旺盛的中道（vital center）。* 從思想上看，這正是漸進改良派該在的地方。

　　與毛澤東和解的可能性不再存在。胡適——漸進主義者、改良主義者、易卜生式的個人主義者——屬於錯誤的群體。他早年作為西方光明的傳播者在中國暴得的大名隨他回到了美國，在那裏，漢學界的尊崇，再加上人們的普遍好感，讓胡適又被看作東方光明的承載者。關於胡適的「智慧」（在東西方事務中是一個危險的詞）的荒謬誤解和誇大其詞在海外傳播，實際上將他與那些最陳腐、他最鄙視的鼓吹精神／神秘主義的販子混為一談。他那樂觀主義的、沒有階級意識的西方主義也在耗盡。中道並不

41

42　Jerome Grieder, *Hu Shih and the Chinese Renaissance: Liberalism in the Chinese Revolution, 1917–1937*, Cambridge: Harvard University Press, 1970. 有關胡適與陳獨秀之間的區別，見D. W. Y. Kwok（郭穎頤）, *Scientism in Chinese Thought 1900–1950*, New Haven: Yale University Press, 1965。

*　譯註："Vital center" 出自歷史學家小施萊辛格（Arthur M. Schlesinger Jr.）的名著 *The Vital Center: The Politics of Freedom* (Boston: Houghton Mifflin, 1949)。此處譯名從余英時。見《余英時回憶錄》，台北：允晨文化，2018，第121頁。

是那麼旺盛。東方和西方的世界主義者胡適開始看起來不合時宜，就像孟子一樣，而且是在全球範圍內。

在一個爭奪無產階級霸權的時代，按照馬克思主義競爭者的標準，身為資產階級也是不合時宜的。資產階級在歷史上「自己的」時代是進步的，那時它清算了封建主義，但在後來的時代它是反動的。在1920年代的中國，幾種清算同時進行，毛澤東稱資產階級是兩面派，就像豎立的硬幣一樣搖擺不定，一面是革命的面孔，另一面是妥協的面孔。資產階級來自城市（bourg）。當毛澤東轉向鄉村尋求他可以信任的力量時，他自己的面孔堅決轉向了反對資產階級那一邊。

上海的中國資產階級，至少那個關注戲劇翻譯的緊密的小群體，看上去就是異類。造成這種情況的並不是世界主義本身，而是因為這個世界是別人的——這在不發達社會中的外國飛地附近很常見。一些上海中國人從中國向外看的那種世界主義，在那些從外向內看的人看來，似乎是一種地方性的變體，已至窮途末路。硬幣搖擺不定，一面是高妙的見多識廣，另一面是疑惑、羞怯的天真。所羅門·艾什（Sholom Asch）的《復仇的上帝》（The God of Vengeance）的譯者有著世界主義的志向，但面對寫引介這一任務卻畏縮不前。他放棄了，讓位於意第緒語文化界的著名人物亞伯拉罕·卡漢（Abraham Cahan），自己並沒有嘗試將這部戲劇融入中國人的需求或經驗。[43] 這種懸浮在兩個世界之間、對他們

---

43 阿胥（即所羅門·艾什）著，唐旭之譯：《復仇神》，上海：商務印書館，1936年，〈序〉（亞伯拉罕·卡漢），第1–5頁。

所處理的原始文本充滿地方主義的不自信、在國際上與自己的原
鄉土地脫節的世界主義者，似乎超乎這兩個世界的戰鬥之上。但
對中國共產黨人來說，「超乎戰鬥之上」意味著加入戰鬥，而且
是站在錯誤的一方。*毛澤東對此毫不含糊：「純粹」的藝術，沒
有意識形態（這包括表面上超脫的、作為高雅文化擺設的外國藝
術），就是資產階級的意識形態。

　　當然，大多數早期出自非共產黨人之手的世界主義文章，本
意都不是只做擺設。即使施尼茲勒或皮蘭德婁那樣的作品很難被
視為「民族的」或「人民的」，大多外國劇作家還是可以被翻譯成
（儘管可能是被扭曲為）可資利用的教師和傳教士。一位譯者把
高爾斯華綏（Galsworthy）的《相鼠有皮》（The Skin Game）介紹給中
國讀者，並這樣解釋它的教益：「我深信藝術是人生的摹仿，不
是舊藝術的摹仿。」中國社會可以從這部戲中學到挑戰傳統戲劇
的限制，即只重「外表——歌調和服裝」而輕忽結構和人物。[44]
《青春不再》（Addio giovinezza）是一部關於青年學生的戰前意大
利戲劇，它在1936年讓其中文譯者回憶起燦爛的大學時光和北
大——中國激進運動的動力中心——的學生罷課。[45] 1937年國
難深化，國防文藝運動，包括剛剛興起的話劇運動（「用戲劇這
一武器」），以及後者向一個新階級——城市群眾的擴展，這些

---

*　　譯註：《超乎戰鬥之上》（Above the Battle）為羅曼·羅蘭的名篇。

44　高斯華綏著，顧德隆編：《相鼠有皮》，上海：商務印書館，1925年，〈序〉，第8頁。

45　賈默西屋等著，宋春舫譯：《青春不再》，上海：商務印書館，1936年，〈序〉，第3–4頁。

都促使霍甫特門 (Gerhart Hauptmann) 的《沉鐘》(*The Sunken Bell*)
中文版得以出版。[46]王爾德 (Wilde) 是為藝術而藝術的倡導者，
但他被介紹給中國卻是因為他的社會意義。譯者在 1926 年説，
《莎樂美》(*Salome*) 是王爾德最偉大的戲劇，它「不與英國紳士之
傳統道德觀念相調和」——這裏的用語值得注意：「道德」是儒
家道德觀的傳統術語，而「紳士」在中文裏指中國的士紳 (gentry)
階層。此劇在英國被禁，但在巴黎獲得「驚人的成功」(*succès de
scandale*)。「一切偉大作品，都是超越時代性的。」也許《莎樂美》
可以動搖中國的正人君子和他們的正統道德觀。[47]

　　換句話說，「震撼資產階級」(*épater les bourgeois*)。*好吧，激
動人心。但是，對於中國的社會革命者來說，上海外灘並不是波
希米亞的海岸。它以另一種方式具有挑釁性。對共產黨人來說，
「震撼資產階級」中隱含的小圈子藝術無可救藥，就是資產階級
的。因為資產階級不是市儈的非利士人，而是人民的公敵，是民
族主義者和無產階級的反對者。大衞一方的藝術家們，儘管終日
與非利士人對抗，卻無法通過這種方式贏得其「人民的」支持。

46　霍甫特門著，謝炳文譯：《沉鐘》，上海：啟明書局，1937年，〈前言〉，
　　第1頁。
47　王爾德著，汪宏聲譯：《莎樂美》，上海：啟明書局，1927年，〈小引〉，
　　第1頁。譯註：汪宏聲的原文為：「所以《莎樂美》之偉大，不會因了正人
　　君子之傳統道德而有所損益也。」
*　　譯註：波德萊爾等頹廢派詩人提出的口號，意在抨擊資產階級缺乏品
　　味、智慧或想像力，及其清教徒式的虛偽。

　　歸根結底,即使是西方的社會和政治抗議藝術又有什麼好說的呢?想像一下把蕭伯納的《魔鬼的門徒》(*The Devil's Disciple*)作為中國的導師,因其「反抗的,有主義的,和願為貫徹主義而死的精神。這種精神是美國獨立成功的靈魂」,悲哀的是,在禮儀之邦的中國土地上卻很難找到。[48] 把拜倫想像成中國的愛國吟遊詩人,他那首〈哀希臘〉("The Isles of Greece")至少有五個譯本(「……頹陽照空島……猶夢希臘終自主也!」)。[49] 資產階級「革命」思想向中國引入了巴蕾(J. M. Barrie)及其粉紅茶會風格(pink-tea)的作品《可敬的克萊登》(*The Admirable Crichton*),以「宣傳民權革命,即鼓吹被壓迫的平民階級」,馬克思革命思想對此會作何感想呢?[50] 中國的激進派尋求的是「激情之花」(*La Pasionaria*),[*] 怎麼會認為譚格瑞陂拉「大膽批評了保守的社會」,讓平內羅(Arthur W. Pinero)「換上中國裝」(但只是比喻:該劇的翻譯忠於原文,其場景仍然是在英國)?[51]

44

48　蕭伯訥(即蕭伯納)著,姚克譯:《魔鬼的門徒》,上海:文化生活出版社,1936年,〈譯序〉,第 xi 頁。

49　葛連祥:〈拜倫哀希臘詩中譯的比較〉,《南大中文學報》,第二期(1963),第 83–97 頁。譯註:五種譯本分別出自馬君武、蘇曼殊、胡適、李煥燊、葛連祥之手。原文為:"...But all, except their sun, is set...I dreamed that Greece might yet be free..." 此處譯文從胡適版。

50　巴蕾著,熊式一譯:《可敬的克萊登》,上海:商務印書館,1930年,〈譯序〉,第 vii 頁。譯註:此處頁碼有誤,當為第 3 頁。

*　譯註:著名的西班牙共產主義者多洛雷斯‧伊巴露麗(Dolores Ibárruri)的化名。

51　阿作爾平內羅著,程希孟譯:《譚格瑞的續弦夫人》,北京:共學社,1923年,〈序〉,第 1 頁。譯註:譚格瑞陂拉(Paula Tanqueray)是《譚格瑞的續弦夫人》(*The Second Mrs Tanqueray*)一劇的女主角。

易卜生是更強大的藥方，也是更出色的藝術。早在中國的「文藝復興」的年代，就有《玩偶之家》的譯本（胡適和羅家倫），它與中國女性的困境一直具有相關性。[52]郭沫若借《玩偶之家》宣講「在社會的總解放中爭取婦女自身的解放」。魯迅調門沒那麼高，而是做出了極具特色的尖銳評論：「在中國這樣的社會，娜拉走後的出路在哪裏。我看，弄得不好，結果她只好回家來！」[53]但是不管這一藥方能否在中國奏效，易卜生的診斷是被廣泛接受的。他的劇作《海婦》(The Lady from the Sea) 的譯者感慨道：「中國還沒有完全脫離封建社會，女子的痛苦更是十倍於男子。」他曾經把譯稿給一位女性朋友看，「她驚訝地寫信給我：『哦！我發現自己十足地跟那個海婦一樣！』」[54]

這一切都非常有啟發性，甚至接近革命性。但還是不夠接近。現在我們也可以看到什麼讓世界主義在其早期的共產主義階段注定失敗。儘管它有著更正式的、看上去更有說服力的意識形態外衣，但它與「資產階級」的各種相似卻是一個詛咒。這兩者都是1960年代文化大革命試圖抹去的污點。對於文化革命者來說，共產主義革命較早期的階段，就像其最早的階段（資產階級

52　易卜生著，沈佩秋譯：《娜拉》，上海：啟明書局，1937年，〈小引〉，第1頁；胡適和羅家倫的譯文刊登在《新青年》1918年6月的「易卜生專號」上。胡適還在這一期專號上發表了一篇文章〈易卜生主義〉。

53　易卜生著，翟一我譯：《傀儡家庭》，上海：世界出版社，出版年不詳，〈娜拉的答案〉。

54　易卜生著，沈子復譯：《海婦》，上海：永祥印書館，1948年，〈後記〉，第144頁。

革命階段）一樣，都不夠革命。國家重建是共產主義第一個十年
的任務，偉大，但主要是**技術層面**，它共產主義得還不夠充分。   45

    讓我們回顧一下中國共產主義運動1950年代這個階段西方
戲劇作品的翻譯。很多那時的譯作都表現出世界主義。「現實主
義」在1950年代使從莎士比亞以降的許多外國戲劇家合法化，它
意味著「時代與地方特色」。因此，讚美弘揚民族精神、描繪進步
時代（比如從封建社會到民族覺醒）的藝術，是進步的，也是國
際主義的。歷史（不僅僅是中國歷史），由階級推動，是現實主義
的領域；受到絕罰的「唯心主義」則屬資產階級的普遍「人性」觀，
沒有時代也沒有階級。

    1960年代發生了什麼呢？「普遍人性」繼續受到攻擊。但是
舊的現實主義（「批判現實主義」）變成了「資產階級的」，因為它
被用來暗示對個體主觀狀態的描述。（據文化革命者斷言）這是世
界主義小圈子的藝術主題，自我中心，不關心集體。至於那個在
《海婦》身上看到自己的女性，她只可能是資產階級，她和其他那
些似乎否認階級特性（也包括民族特性）、尋找「全人類」（**個人**）
普遍主題的人都是如此。同理心過時了；藝術關注的主題不再
是夾在新舊社會間的過渡之人的痛苦；而是英雄的榮耀，毫不模
糊，全無矛盾，高於生活。

    因為階級鬥爭必須繼續，而「全民文藝」（曾任文化部副部長   46
的周揚提出的口號，他現在名譽掃地）是「修正主義」。這個口號
太綏靖主義了，就像俄國人關於「和平共處」的政治信條。後者
源於核武器會終結全人類這一恐懼。但是中國人公開表達了他們

的信念：人——革命的人——會終結核恐懼。人，以及人類發展不容置疑 (a fortiori) 的客觀規律 (**鬥爭**規律，而不是過早的和平，一分為二，而不是合二而一)，優於機器。即使是機器中的機器——核武器，也無法將歷史凍結在生命的半途。其中一種仍在繼續並受到「共處」阻礙的鬥爭，是「全世界各民族（『人民』）的革命」。

在中國人民內部，鬥爭也在繼續。資產階級身在國內，心繫國外。正如孫中山「遺囑」所說，「革命尚未成功」。孫中山於1925年去世時這話當然正確，四十年後它仍然被認為是正確的。因此，「經濟主義」遭到了猛烈的抨擊，因為它意味著像工聯主義者那樣尋求個人滿足是合法的，就好像社會真的完成了最後的結構變革。但是，**尚未成功**的目標需要集體的自我約束和超越自我的紀律，杜絕休息、娛樂和滿足感。滿足感如果得到放縱，就會為不能開脫的事情開脫：共處，終結鬥爭，和某種（資產階級的）普遍「人性」的藝術。

47　　　因此，文化革命者一再嚴詞抨擊有別於唯物主義 (materialism) 的唯心主義 (idealism)，同時卻採納了有別於（資產階級）現實主義 (realism) 的理想主義 (idealism)。他們要的是歌頌英雄的藝術，而不是對「中間人物」的描述和分析。他們害怕容忍這一等式：「解釋就是找藉口」。這會讓他們的批判失去鋒芒，也就是「鬥爭」所意味的：如果一個人沒有激情，就沒有鬥爭。而如果人們需要英雄藝術——即追求「最好」的理想主義，就意味著除了英雄榜樣之外，在現實中它始終無從實現。他們**是**榜樣這個事實意味著

一般人需要榜樣，「革命尚未成功」。所以文學藝術中的生活應該高於日常生活。無需再有那些包含一切人性瑕疵的作品。比如說雷鋒，那位傳奇的人民解放軍戰士——1962年逝世，1963年被神化，在文化大革命中繼續通過歌曲和故事被謳歌——根本沒有瑕疵。

也就是說，世界主義風光不再。高妙的見多識廣，細膩的感受力，也都成了明日黃花。文化大革命具有地方性的文化精神，而那些見多識廣的高人因為他們的文化而脫離了人民，由於他們與世界各國世界主義夥伴的「緣分」而脫離了民族。專業、專長，現在沒有國界。紅色專家仍然與「人民」在一起，因此仍然可以被視為中國人民之列。但是那些純專家、顏色不對的專家們，是資產階級的而不是人民的，他們背離了中國人民；而中國人民應該以民族的名義與他們進行階級鬥爭。中華民族與中國（中國曾經的樣子），以及世界有可能成為的樣子，有了一種新的關係。

這一切在1960年代初就有了徵兆，到了1966年，文化大革命正式開始。為什麼曾經擁有世界主義淵源的共產主義運動在那時變得如此極端本土主義——不僅在政治上奉行鬥爭哲學（這一點好理解），而且在文化上如此反西方？為什麼就在這同一時間，作為一場民族主義運動，對民族文化和歷史的遺產如此苛刻？

讓我們先來回答後一個問題。部分因為這是一個平衡的問題。反西方主義的強烈程度要求對傳統中國形式採取相應強度的敵對。否則，它將僅僅是仇外心理，倒退回1900年的義和團排外運動。雖然共產黨給予了義和團很高的歷史地位，但這只是歷

48

史地位。義和團是爭取中國獨立的共產主義戰士的先驅，而不是原型。因為義和團的仇外心理雖然在政治意圖上是反帝的，值得嘉許；但在捍衛「封建」文化方面卻是反動的。中國共產黨人足夠民族主義，能擺脫傳統的羈勒；而他們也足夠馬克思主義，將歷史視為一個線性過程：它是通過革命／翻轉（revolution）實現的進化（evolution），而**過去**並不會翻轉（revolve）。

　　然而，文化大革命特殊的偶像破壞問題仍然存在。20世紀早期的激進分子普遍敵視舊價值，而中國的反共分子一直將他們的敵人視為中國文化的破壞者。但是共產黨當權之後，卻讓這些人困惑。偶像破壞不是革命的先決條件。恢復傳統也不是反革命的特權。共產黨人自己在（以某種方式）「恢復」而不是破壞過去。他們的方式是博物館的方式。恢復──無論是皇宮還是古典文化的名譽──不是權威的恢復，而是歷史的恢復，中國人民（在**新的**權威下）可以將其作為民族遺產。共產黨的歷史主義使他們能夠擁有中國的過去，但同時讓過去僅僅是過去（*passé*）：擁有當下的共產黨人將主宰未來。

　　但是，在文化大革命中，博物館，無論是實體的還是比喻意義上的，都被洗劫一空。舊書曾被視為已經由歷史中的力量肅清流毒，即使沒有付之一炬，也已無人問津。各種遺留物在此時此地都被看作具有不祥的意義；它們似乎不再是太平無事地死去，或者僅僅具有歷史意義。雖然擺脫了過去之手，共產黨人卻曾經保留維護傳統文化的寶貴優勢，收到了比現代保守派更好的效果。那為什麼北京會放棄這個傳統的遊戲呢？

這是因為現代的遊戲很難玩，尤其是在當時。尤其是在中國，儒家業餘愛好者理想與科學格格不入，科學的進步具有革命性的意義。它導致專業化，造就專家。但這些在共產主義中國都是懷疑的對象——儘管共產主義中國與儒家中國不同，它全心全意地擁抱科學。

這不僅僅是因為「科學社會主義者」（並非人文主義的文人）很難蔑視科學。馬克思主義者依賴科學的威望，而且他們非常清楚，在每一個人的現代世界（與儒家世界截然不同），無論是「資產階」國家還是反資產階級國家，科學都享有威望。當中國共產黨壓制科學家時，他們承認這種威望，並沒有質疑這一點；正是它的普遍性，它對意識形態顯而易見的超越，對意識形態的主宰者成了威脅。意識形態理論家必須主宰科學，否則他們自己的職業就會消失。在一個科學無法被否定的世界裏，純專家、科學的實踐者，必須服從馬克思主義的權威，否則毛澤東這位馬克思主義隊伍中最新近的一位，自己的權威就沒有了。意識形態，正確的意識形態，必須支配表面上非意識形態的專家。政治必須掛帥。因為，正如毛澤東在他的《文藝問題》中所宣稱的，對意識形態漠不關心的所謂專業本身（「為藝術而藝術」），就是資產階級意識形態的經典產物。*

50

---

* 　譯註：即毛澤東〈在延安文藝座談會上的講話〉，1944 年曾以《文藝問題》
　　為題在重慶出版單行本。

　　儘管共產黨幹部和儒家官員都推崇「通才練識」，但後者從不相信前者所信奉的一條反資本主義的馬克思主義基本信念：貶低專業知識的目的之一是抹去腦力勞動和體力勞動之間的差別——這是儒家的一個重要區分。正如儒家以其業餘愛好者理想取代了舊的貴族制，然後帶上了貴族身分的光環（從而有資格凌駕於專業技術人士之上），現代世界的專業人士也打破了業餘愛好者的理想，在今時今日擁有了貴族般的身分自豪。因此，黨不得不削去他的棱角（「先紅後專」），以論證自己這一版專制統治是正確的。

　　正是這一點造成了一種剛愎自用的文化地方主義的印象。專家們是中國的「無根的世界主義者」——**無根的**，因為農民就是根（因此有紅衛兵，以制衡城市或大學類型的無根者）；至於**世界主義者**，因為有普世科學在，專家們可能會意識到他們與處於國家和意識形態壁壘另一邊的專業同事相互關聯。因此，對於世界主義的科學家來說，天氣驟寒。但是，儘管許多人感覺到冷，被凍僵的卻沒幾個。畢竟，軍隊和工業需要他們。真正遭受反世界主義打擊的，是無足輕重的藝術，是那些英國文學、法國音樂和香港髮型的傳播者。任何沉默無語、灰頭土臉的施尼茨勒和皮蘭德婁們，最好就保持著這種狀態。

　　是的，軍隊和工業需要科學成果，或許用來對付美國人。但軍隊和工業既可能是科學和技術的人質，也可能是受益者。與美國開戰一定會毀壞科學體系，而且唯獨「專家」顧問會不得不提出和平建議。對專家們的深度凍結，對西方文化（這是專業知識的

來源）的冷淡，是否意味著戰爭的風險可以接受，而那些僅僅由技術專家出於慎重提出的主張會被否決？長征和延安歲月（那時敵方陣營較強）的古老精神自然會被喚起，過去也確實如此。不是暮年的懷舊，也不是對精神競技的一般愛好，而是對當下存在危機的深信不疑推動著一系列事態的發展。如果武器的優勢不在中國這邊，而武器被動用，那麼人的精神（正是毛澤東的專長，也是一個反專家的習語），而不是武器，必須是起決定作用的。

52

　人民解放軍（主要是一支農民軍隊）在文化大革命中被賦予主導角色。軍隊自然是「紅」與「專」矛盾最尖銳的地方。軍隊中的指揮官和謀略家們可能是專業知識和專業精神最有力的代言人。畢竟，帝國主義者正是在用這樣的工具和訓練來威脅中國。但是專業精神——國際上受認可的技術專長，表面中立，意識形態上（因此「客觀上」）反動——恰恰是受過西方訓練的資產階級知識人群體、那些無根的世界主義者的標誌。因此，必須優先考慮「精神」。這就是為什麼人民解放軍對中國革命和革命中國具有如此壓倒一切的意義——以及為什麼蘇聯及其核恐懼（以及據稱由之而來的對與美國和解的熱情）令人深惡痛絕。文化革命者（他們的思想部分源自恩格斯的《步槍史》）追求的是人類戰勝機器，戰勝那些依賴機器的資產階級。與他們在西方的追隨者「新左派」（New Left）不同，他們並沒有從人文主義的角度尋求消除「異化」。他們在貶低戰爭機器最根本的重要性（但不是最直接的重要性：在戰略上而不是戰術上藐視敵人）。人民解放軍的農民當然需要機器。但是農民會通過「精神」來超越機器。

　　為了精神，也就是意識形態，中國在文化大革命中經歷的那場非同尋常的意識形態洗禮（**淨化**人的精神）。它來自一種危險感，危險來自於戰爭，不能把它留給專家，因為他們不會選擇開戰，單靠他們的專業知識也打不贏。正是這種危險給了文革它的兩個靶子，兩種文化——西方的和傳統的。對後者同時發動的攻擊，證實了危險感是攻擊前者——專家所代表的世界主義精神——的緣由。因為將過去「博物館化」、而不是將其根除這一傾向屬於擁有自信的時代。在鬥爭的初期，當共產黨人充滿鬥爭的熱情時，博物館化還不存在；在現在這樣一個四面楚歌、可能遭受滅頂之災的時代，它消失了。歷史之神又隱藏起來了。相對主義的歷史主義通過將曾經的敵人奉入壁龕，冷靜地打敗了他們，而這樣的做法已經過時了。死者不再是紀念碑，而是需要再次被屠盡的「牛鬼蛇神」。

　　當共產黨人對歷史進步有信心時（堅信自己必將不斷壯大），可以保護他們的中國文化歷史。但是，如果因為未來不確定，而使得過去之成為過去也不那麼確定，如果倒退似乎是可能的，那麼共產黨人將不再充當保護人，鼓勵博物館員恢復過去；他們會離開畫廊，各就各位，在一段時間內不再想入非非。而倒退便是幽靈，這種倒退被俄國的行動（比如撤走專家）加劇，又由俄國的例子（「修正主義」）激化。如果不因普遍的神經衰弱而拋棄根本的馬克思主義進步觀，就必須重新凸顯革命的唯意志論，而不是進化論的決定論；過去不能被相對化，而應被看作極其可能在當下出現。絕對主義佔據了主導地位。迫在眉睫的危機將專家

連同造就了他的外國文化借鑒一同置於槍口之下。危機也剝掉了民族文化遺產保護性的歷史色彩。中國人不大聽祖先的聲音了。但是中國的某個人在預言戰爭。

∽

中國的內戰或「解放戰爭」：現實主義還沒有死透，以至於毛澤東的中國看不到當前的多種可能性。人民性（peoplehood）的意識很強──在兩種意義上都是。民族意義上的「人民」拒斥西方，但不是儒家中國那樣的拒斥。而針對「資產階級」、將國家納為其專屬的階級保留地的「人民」（在另一種意義上），渴望領導世界人民，或者至少向他們傳達「毛澤東思想」。這種思想拒斥了來自舊文化的舊思想──「世界中心」的核心內容。

「京劇改革」是文化大革命的一大呼籲。這時的主流不是舊的中國戲劇，而是新的中國戲劇。但**中國**戲劇，而不是西方戲劇，是這個新主流不言自明的部分。革命帶著報復回來了，報復過去和西方，報復那太過褊狹和太過膨脹的，報復儒家和世界主義者。

然而，中國現在真的留在海灘上，留在了世界主義大潮的範圍之外嗎？西方戲劇寥寥幾個中國熱愛者意味著什麼呢？他們在短暫而孤獨的一生之後，在文化大革命中徹底湮滅。他們似乎是多餘的人，把艾什帶到上海。但他們之沒有意義，他們之局限於中國世界的邊緣，正是他們的意義所在。這些戲劇家在中國的孤獨，正像中國在整個世界上的孤獨一樣，一個孤零零坐著

55

的中國，她與中國之過去的聯繫減弱了，她通向陌生的當下的橋
樑被阻斷了。如果那些譯者們幾乎是孤獨的，與他們過去的歷史
和身邊的環境脫節（儘管他們希望能對它施加影響），那麼文化
革命者，他們的對手，也是他們的同類（*semblables*），他們的兄弟
（*frères*）。*文化革命者文化上的地方主義也標誌著孤獨，與他們
的過去和周遭同一時代的世界斷裂。他們試圖對世界說話，我們
所討論的那些外國戲劇的翻譯者也在試圖說話。有些人在聆聽。
不管以這樣或那樣的方式（對方式的選擇令人心懼），中國都將隨
著世界主義大潮再次加入世界。文化中介者、文化革命者——
都不會永遠像擱淺的小魚或擱淺的巨鯨。

---

* 　譯註：原出自波德萊爾《惡之花・致讀者》("Au Lecteur", *Les Fleurs du
　　mal)：「虛偽的讀者，我的同類，我的兄弟！」(*Hypocrite lecteur, mon
　　semblable, mon frère*)，后被艾略特在《荒原》(*The Waste Land*) 第76行引用。

在21世紀閱讀列文森：
跨時空的對話

葉文心 (Wen-Hsin Yeh)　　　歐立德 (Mark C. Elliott)
董玥 (Madeleine Y. Dong)　　黃樂嫣 (Gloria Davies)
齊慕實 (Timothy Cheek)　　　白傑明 (Geremie R. Barmé)

在現代美國學界，列文森是中國研究領域開創時期關鍵性的學者。他為西方學者提供了綜合性的思想框架，幫助他們理解中國從傳統王朝到社會主義國家的歷史轉變過程。通過對中國思想家的細緻研讀，列文森為解讀中國從鴉片戰爭到中華人民共和國建立以及此後20年的歷史過程提供了一個有力的論述。許多近現代中國史中開創性的概念——天下與國家、世界主義與民族主義、政治與文化、傳統與現代性、科學與儒學、經典主義與歷史主義——都是列文森在1953至1969年之間逐一首先提出的。因此，列文森的著作名副其實當屬西方漢學經典之列。

一個以各種不同形式存在了兩千年的社會政治秩序究竟如何崩潰，它崩潰之後如何帶來諸多反覆迴響，這個歷史過程包含了許多重大的層面與問題，列文森對這些問題作出了徹底而深刻的分析。其中最值得關注的，或許就是中國在轉化為現代國家的同時，如何繼續維繫某種所謂具有「中國性」的特質。這種斷裂與傳承之間的張力，可以說是近現代世界的普遍現象，日本、俄

國、土耳其、印度等國家在近代史上都有過類似的經歷。然而對中國而言，現代性的困境又似乎特別棘手，這個困境激發了幾次主要的途徑探索，最終在中國共產黨勝利建國所提出的未來圖景中，似乎得到解決。這個解決之道，究竟如何形成，是不是歷史發展的必然結果，可以說是西方漢學家和社會科學家從1950年代開始爭論不休的課題。基於對歐洲歷史文化的深厚學養，列文森以自己獨特的論辯方法闡發出一系列針對這些難題的精彩分析，並開創了新的思路。他的思想和論辯方式，對當時初具雛形的中國研究領域形成強而有力的衝擊。

要踏進列文森獨一無二的思想境界，對初次接觸列文森作品的讀者來說，需要先做一些準備。我們希望以這篇文字簡單為大家介紹這位20世紀西方中國史學的開山人物，回答中文讀者或許想問的一些問題。列文森究竟是誰？他在學術上作出了什麼貢獻？列文森的著作如何幫助我們展開立足於21世紀的古與今、中與西之間的對話？以下的簡介，大致包含五個部分的內容：(一) 列文森所生活的時代和他的個人背景；(二) 列文森的主要論著及思想；(三) 列文森的論辯風格；(四) 列文森的影響和他的局限；(五) 在21世紀閱讀列文森可以產生什麼樣的意義。

一、列文森的大時代

理解任何思想家，總需要首先瞭解他所處的歷史環境，才能弄清楚他為何會有話要說，而且為什麼是這個話題而不是那個。

我們要知道他從何而來，欲往何處去。用列文森的話來說，我們應當儘可能去理解一個「思想之人」（men thinking）的整體存在。這一點對於理解列文森尤其重要，因為他所經歷的是巨變的年代：經濟危機、第二次世界大戰、中華人民共和國建立、冷戰、韓戰、麥卡錫主義、大躍進、越戰、文化大革命的發動，以及國際學生示威運動。全世界的地緣政治、國家政治體系、社會組織，以及信仰和文化無不經歷了根本的改變。這是人們必須對根本性的大問題作出認真回答的年代。作為一個思想者、知識分子、歷史學家，這些大事件不可能不在列文森身上留下深深的印記，他成為中國歷史研究者的路徑在很大程度上也是這個特別的歷史時期所塑造的。

列文森於 1920 年 6 月 10 日出生在波士頓的一個猶太人家庭，是家裏的獨子。他的父親是 Max Lionel Levenson（1888–1965），母親是 Eva Rosabel Richmond（1892–1969）。他的祖父母 John 和 Fannie 在俄國出生，1875 年結婚以後決定移民到美國。John 在波士頓北邊的 Chelsea 鎮開了一家小商店。當時 Chelsea 是一個正在發展的工業中心，有著大量來自意大利和東歐的移民人口。1909 年 John 去世時，Chelsea 已經有一半的人口是猶太移民。Max 在這個社區長大，二十多歲的時候搬到了河對岸的波士頓市內，很快成為一位成功的律師。儘管列文森一家很好地融入了美國生活（Max 是當地共濟會成員），猶太文化仍然居於他們家庭生活的中心位置：列文森出生的 1920 年的人口普查顯示，列文森家庭使用的主要語言是意第緒語，這或許是因為列文森的外祖母出生在俄國，

這時跟他們住在一起。這片區域因為大量東歐移民的到來獲得了新的生氣，而他們在波士頓所居住的 Roxbury 區毗鄰的地方被稱為「猶太村」(Jewville)。我們可以肯定地說，小時候的列文森對這片區域的情景、聲音、味道都極為熟悉，這些都深刻保留在他記憶中。[1]

列文森一生的定型期，9 歲到 19 歲 (1929–1939)，正值美國的經濟大蕭條。他在 11 歲時考進了離家很近的波士頓拉丁學校。該校建立於 1635 年，是美國乃至美洲第一所公立學校，入學考試的門檻和學術要求都非常高，以嚴格的古典學術傳統聞名，每個學生都必須修滿四年的拉丁文。從拉丁學校畢業後，列文森於 1937 年進入哈佛大學，1941 年以極優等的榮譽畢業，獲得學士學位。

在哈佛的這四年中，列文森第一次接觸到東亞歷史。1928年，哈佛燕京學社建立，意在將東方研究 (包括漢學) 發展成一門現代的學術領域。「博學、語言能力、批評的標準」是當時哈佛漢學對學生的關鍵學術訓練。[2] 哈佛校長延請著名的法國漢學家伯希和 (Paul Pelliot) 來擔任哈佛燕京學社社長，最後由其弟子、俄裔日本學專家葉理綏 (Serge Elisséeff) 出任。同時，洪業 (洪煨

1　Marilynn S. Johnson, "Chelsea," Global Boston, accessed Apr. 28, 2023, https://globalboston.bc.edu/index.php/home/immigrant-places/chelsea/. Isaac M. Fein, *Boston — Where It All Began: An Historical Perspective of the Boston Jewish Community*, Boston: Boston Jewish Bicentennial Committee, 1976, p. 50.

2　John K. Fairbank, *Chinabound: A Fifty-Year Memoir*, New York: Harper & Row, 1982, p. 98.

蓮) 為學社奠定了書目文獻收藏的基礎。費正清於 1936 年成為哈佛歷史系的講師，次年 2 月登上講台。同年，賴世和 (Edwin Reischauer) 也加入了哈佛。[3] 列文森是最早受益於這些新發展的學生之一，也目睹了對於中國的不同研究方式的變化。費正清在查爾斯河畔的 Kirkland 宿舍 (哈佛的 12 所本科生宿舍之一) 當輔導員，列文森正是住在那裏，也是他課堂上的學生。列文森在本科修讀了歐洲歷史以及東亞歷史課，他寫的論文包括意大利史、日本史、美國史，以及宗教與資本主義的關係。1939 年的夏天，列文森去了當時在中國研究方面極負盛名的萊頓大學短期訪學。回到哈佛後，他完成了學士畢業論文〈查理十世的加冕禮〉("The Coronation of Charles X")。畢業後他用美國學術協會理事會 (American Council of Learned Societies) 提供的獎學金在康奈爾大學修了一個夏天的中文課，秋天又返回哈佛，成為歷史系的研究生。

列文森在第二次世界大戰的陰雲中進行了兩年的研究生院的學習，1941 年太平洋戰爭爆發，打斷了他的學習進程，但也使他與東亞有了更加直接和更有意義的接觸。日軍轟炸珍珠港 (1941 年 12 月 7 日) 後三個月，與美國很多青年人一樣，列文森入伍，開始了為時四年多的軍旅生活。他在美國西部的太平洋海軍日語學校密集學習日語後，被派往太平洋島嶼、華盛頓特區以及日本。他主要是日語專業軍官，任務包括翻譯日文資料等，也與新

3　Fairbank, *Chinabound*, pp. 145, 152.

西蘭軍隊和美國海軍一同參加了所羅門群島和菲律賓的戰役。[4] 戰爭結束後，1946 年 2 月列文森作為軍士長榮退，一個月後重返哈佛。當時哈佛大部分的中國歷史研究生跟列文森一樣，都參與了美軍在太平洋地區、中國、菲律賓，或對日佔領初期的行動；列文森之外還有幾位，比如史華慈 (Benjamin Schwartz)、牟復禮 (Frederick Mote)、馬里烏斯・詹遜 (Marius Jansen) 和羅茲・墨菲 (Rhoads Murphey)。退伍後的列文森日文水平遠高於中文，因此他很看重日本的漢學傳統，這對其學術成長有重大的影響。1947 年獲得碩士學位後，列文森又用了兩年時間完成關於梁啟超的博士論文，於 1949 年 2 月獲得博士學位。畢業前一年，他被哈佛的研究員協會 (Society of Fellows) 接受為初級研究員 (junior fellow)。這個難得的機會給了他三年的時間自由地做研究，與其他領域的學者頻繁來往無疑也有助於他思想的成熟。

　　完成了在哈佛的學習與研究後，列文森於 1951 年到加州大學伯克利分校歷史系任教，在此工作直到 1969 年去世。在這 18 年的時間裏，列文森所取得的成就為他贏得了伯克利的同事和中國研究領域的同仁無量的敬重。他於 1956 年成為副教授，1960 年晉升為正教授。1965 年，伯克利授予他 Sather 歷史講席教授的榮譽。這是當時伯克利唯一一個非美國史的講席教授位置，競爭者主要是歐洲史的教授們。列文森能脫穎而出，成為 Sather 講席的第一位擁有者，足以證明他的獨特與傑出。二戰之後，歐美大

4　Fairbank, *Chinabound*, pp. 145, 152.

多數學院把中國文化和歷史、語言的研究和教學編制在東亞系，
是謂漢學。而列文森在伯克利不但得以擔任歷史學系的講座教
授，而且在系裏把中國歷史推到與歐洲、美國歷史研究鼎足而三
的地位。列文森使得歐洲史專家們關心中國，為中國歷史領域開
拓一方天地，實屬難得。

如果我們回憶起列文森初到伯克利時校園的氛圍，他的成
就便尤其令人矚目。當時麥卡錫主義在美國大學校園甚囂塵
上，學術界中的政治化和意識形態的分歧非常激烈。加之美國
社會裏相當普遍的反猶情緒，我們可以想像對於世界主義者、
猶太人的列文森來說，應對這個挑戰有多麼艱難。彼得‧諾維
克 (Peter Novick) 在他《那高尚的夢想》(*That Noble Dream*) 一書中
這樣寫道：

> 1949年，阿爾明‧拉帕波特 (Armin Rappaport) 在加州大學伯克
> 利分校的任命之所以受到阻礙，恰恰是因為約翰‧D‧希克斯
> (John D. Hicks) 擔心拉帕波特「或許有一些紐約猶太知識分子中
> 常見的極左傾向」。直到希克斯獲得保證，證明他並不反對美
> 國的外交政策，此項任命才得以通過。在這同一所大學，第二
> 年，桑塔格 (Raymond Sontag，當時任歐洲外交史教授) 擔心列
> 文森是個馬克思主義者，這一擔心不解除，他就無法同意伯克
> 利接受列文森。費正清向伯克利提供了保證：「列文森對政治
> 的思考傾向於折衷。他的出發點是思想性的和美學性的，他並
> 不特別關心政治。」[5]

---

5   Peter Novick, *That Noble Dream: The "Objectivity Question" and the American Historical Profession*, Cambridge: Cambridge University Press, 1988, p. 330. 中譯

桑塔格「對行政影響很大而且用起他的影響力毫不猶豫」。他認為「共產黨統治著中國，而費正清的觀點不無可疑之處。我們應該等到塵埃落定」，[6] 意思是不要給列文森這一職位。為了幫自己這個學生拿到教職，費正清竟需寫30封信。最後，在中國古代史教授賓板橋（Woodbridge Bingham）的堅強支持下，列文森的教職終於獲得通過。

反猶主義是列文森生活中的一個現實。列文森是最早到伯克利執教的猶太人之一。在他之前，唯一一位在伯克利歷史系執教過的猶太人教授是恩斯特・康特洛維茨（Ernst Kantorowicz）。1950年，加州大學校董會強制所有教授簽署一份忠誠聲明，讓他們保證不參加任何進行抗議性活動的政治組織——包括共產主義組織。這位先前逃離了法西斯德國的著名學者拒絕簽署，以示抗議，加州大學因而沒有續簽他的合約。儘管當時存在著或明或暗的反猶傾向，當列文森開始在伯克利工作以後，卻很快得到同事們的接受，包括桑塔格也「認識到這個人的卓越才華」。列文

參考彼得・諾維克著，楊豫譯：《那高尚的夢想：「客觀性問題」與美國歷史學界》，北京：生活・讀書・新知三聯書店，2009，第452頁。詞句有改動。

6　Kenneth M. Stampp, "Historian of Slavery, the Civil War, and Reconstruction, University of California, Berkeley, 1946–1983," an oral history conducted in 1996 by Ann Lage, Regional Oral History Office, The Bancroft Library, University of California, Berkeley, 1998, https://oac.cdlib.org/view?query=Joseph+Levenson&docId=kt258001zq&chunk.id=d0e5499&toc.depth=1&toc.id=0&brand=oac4&x=0&y=0.

森「如此有魅力，才華洋溢，有他所在是如此愉悅，他又是如此
正直的一個人」，「他在與人交往時充滿魅力但又非常謙遜。他身
上沒有一絲的傲慢，雖然他有所有的理由可以這樣，因為他毫無
疑問是系裏最有才華的人」。[7]

　　不理解猶太身分對於他意味著什麼，便不可能理解列文森。
對於列文森公開強調自己的猶太身分這一點，他同時代中國研究
領域裏的很多同事有些手足無措。或許出於善意，有些人認為
應該把作為中國歷史學家的列文森和作為猶太人的列文森區分開
來。[8] 在認為他的這兩個身分彼此交錯的人當中仍然有兩種不同
的看法：有人認為他的個人身分妨礙了他的學術，因為這使得他
不能以客觀的角度審視他的研究對象。另一些人則認為：作為一
個猶太人，列文森尋求的現代的、世界主義的身分認同，對他的
中國歷史研究有正面的影響。[9] 談到這點，或許值得注意的是，
從身分認同這個角度來看，列文森與他的老師費正清背景迥異。
費氏的祖先早在 17 世紀已經從英國移民到馬州灣殖民區（Province
of Massachusetts Bay），他的祖父在美國內戰中當過軍官，而列文

7　　Ibid.

8　　Rosemary Levenson, "Notes on 'The Choice of Jewish Identity'," ed., Maurice
Meisner and Rhoads Murphey, *The Mozartian Historian: Essays on the Works of
Joseph R. Levenson*, Berkeley: University of California Press, 1976, p.177.

9　　關於列文森對猶太歷史的理解如何影響了他的中國史學觀，詳見
Madeleine Yue Dong and Ping Zhang, "Joseph Levenson and the Possibility for
a Dialogic History," *Journal of Modern Chinese History*, vol. 8, no. 1 (2014), pp.
1–24。

森的祖輩在美國內戰結束後十年才從俄國移民來美國；雖然從哈佛畢業，但列文森並不屬於美國東部的精英階層，而是典型的外來人 (outsider)。

列文森與費正清背景的不同意義深遠。對自己身分認同的思考幫助列文森發展出他的史學方法論，這種方法論在他的著作中一以貫之。列文森的學生魏斐德為他的遺著《革命與世界主義》寫了一篇精闢的序言，在列文森對自己猶太身分的思考和他的中國歷史研究之間的關係這個問題上作出敏銳、細緻而深刻的解釋，既討論了這二者的交錯如何為列文森提供了獨特的、有效的視角，也討論了其局限性。列文森自己是清楚這局限性的，並且對其保持反思。他沒有把西方視角當作普世的，而是引入其他歷史的角度去審視中國與西方的關係，比如猶太史、日本史或俄國史。換言之，他對多個歷史進行比較觀察，而不是二選一。這使得他對中國歷史的觀點迥異於50年代到60年代那些建構在「西方衝擊與中國回應」模式上的歷史書寫。就像魏斐德常對伯克利歷史系同事說的那樣，列文森不搞政治，他思想的興奮點不在於冷戰政治的「誰丟失了中國」，他的同情也不在於「對中國進行衝擊」的西方。列文森的思想探索與「區域研究」的視角和方法有著根本的不同，遠遠超出甚至可以說在很大程度上有意識地挑戰了區域研究的框架。此外，他也沒有盲目地借用當時盛行的西方社會理論。他的觀點是以中國為中心的，但是並不導向中國特殊論，也在根本上不同於漢學傳統或區域研究方式。下面我們會回到這一點。

　　在伯克利，列文森主要教授近代和現代中國歷史課程以及培養研究生。他的學生這樣回憶列文森：他「是一個極為優秀而引人入勝的演講者──思想豐富，有實質內容。內容組織得很好，闡釋透徹、清晰，簡潔明瞭。而且他謙虛、幽默」。他的課「在全校都極受推重」。[10]列文森在伯克利建立了新的中國歷史研究生項目。魏斐德是列文森的最早的研究生之一，於1965年獲得博士學位，並於同年留在伯克利任教。他們有著明確的想法，有意識地要建立一個與哈佛不同的中國歷史項目。他們不是把美國的利益、視角和外交政策放在研究與教學的中心位置，而是強調更廣泛的教育和比較的方法；把中國歷史看作世界歷史的一部分，而同時又不對它的獨特個性視而不見。他們將注意力放在中國歷史中的社會、文化和思想的發展上。這個意圖很清楚地表現在列文森和舒扶瀾合著的《詮釋中國史》中，〈序言〉中的一段這樣解釋道：

> 在一份為西方學生設計的歷史課教程裏，中國應該意味著什麼？以前的觀點看上去似乎是這樣：關於中國的知識有其價值，它明顯不是學生關注的重點，但具有異國風情的小刺激（exotic fillip）的價值。近來的看法似乎更有道理，其重點轉移到了中國是世界事務中的一個重要區域──人們尋求這個區域的知識，因為它在政治上對於西方人的命運很重要。

10　Jerome A. Cohen, "Preparing for China at Berkeley: 1960–63," accessed Apr. 28, 2023, https://ieas.berkeley.edu/sites/default/files/ccs_history_cohen.pdf.

這兩個觀點看上去差別很大，但都是自我中心的，二者都是以中國研究 (Chinese Studies) 如何裝飾西方文化或如何影響西方的政治生存，來衡量這一領域的價值。中國歷史內在的思想旨趣通常被忽視。但是，中國，不論古代還是現代，都遠不止是異國風情，也遠不止是一個我們需要考慮的政治因素（雖然它確實是）；作為一個區域，中國歷史所提出的問題具有最廣泛的思想意義。如果我們真正言行一致，要去探知現代世界的所有面向，並且在道德上和思想上認識到歐美歷史並非人類歷史的全部，那麼就應該為了中國歷史所具有的普世意義去研究它，而不是僅僅因為它與我們所處的世界在政治上或文化上的需求相關聯。

於是我們抱著如下信念寫了這本書：中國歷史既非西方學生的知識花邊，也不僅僅是被現代世界不幸逐漸增加的複雜性強壓給合格公民的一門學科。相反，它真實地、有機地參與著現代知識的構成。中國的材料超越了區域的界限，屬於真正普世的認知世界。[11]

他們的這個意圖也反映在列文森指導的博士論文中。這些論文關注的問題包括：中醫在 20 世紀的變化所反映出的科學、民族主義和文化變遷中的張力，[12] 晚清的幕府制度，[13]「中國」在馬

11　Joseph R. Levenson and Franz Schurmann, *China: An Interpretive History, From the Beginnings to the Fall of Han*, Berkeley: University of California Press, 1969, pp. vii–viii .

12　Ralph Croizier, *Traditional Medicine in Modern China: Science, Nationalism, and the Tensions of Cultural Change*, Cambridge: Harvard University Press, 1968.

13　Kenneth Folsom, *Friends, Guests, and Colleagues: The Mu-fu System in the Late Ch'ing Period*, Berkeley: University of California Press, 1968.

克思、列寧和毛澤東的論述中所起到的作用，[14] 軍閥馮玉祥，[15] 國
共統一戰線中的敵友問題，[16] 19 世紀末中國南方的社會失序，[17] 菲
律賓的華人。[18] 從這些論文的選題不難看出，它們並不是「衝擊—
回應」或區域研究模式的產物，而是漢學向中國研究轉化中的嘗
試。列文森用以下的例子解釋這二者的不同：

> 我不把中國看成供鑒賞家收藏的靜物畫，而是視之為在世界畫
> 布上作畫的行動畫家。這不僅是在漢學家們長期關注古代中
> 國之後給予現代中國它應得的關注。我在伯克利的同事薛愛華
> （Edward Schafer）為中國早期歷史寫出了非常豐富的著作——
> 《撒馬爾罕的金桃：唐代舶來品研究》和《朱雀：唐代的南方意
> 象》，他讓我們看到了新的做法。將中國視為異國情調（一種將
> 中國納入西方意識領域的舊方式）與思考中國的異國情調（就
> 和病症一樣，是一個普遍的主題），這二者之間存在著天壤之
> 別。[19]

14　Donald Lowe, *The Function of "China" in Marx, Lenin, and Mao*, Berkeley: University of California Press, 1966.

15　James Sheridan, *Chinese Warlord: The Career of Feng Yu-hsiang*, Stanford: Stanford University Press, 1966.

16　Lyman Van Slyke, *Enemies and Friends: The United Front in Chinese Communist History*, Stanford: Stanford University Press, 1967.

17　Frederic Wakeman, *Strangers at the Gate: Social Disorder in South China, 1839–1861*, Berkeley: University of California Press, 1966.

18　Edgar Wickberg, *The Chinese in Philippine Life, 1850–1898*, New Haven: Yale University Press, 1965.

19　Joseph R. Levenson, "The Genesis of 'Confucian China and Its Modern Fate'," *The Historian's Workshop: Original Essays by Sixteen Historians*, ed. L. P. Curtis, Jr., Berkeley: University of California Press, 1970, p. 279.

綜上所述，列文森是美國中國研究領域的奠基者之一。二戰以前在美國並不存在一個研究現代中國的傳統，雖然一些研究中國文化歷史等方面的學者已經開始在美國聚集。列文森的成就是現代中國研究在西方之誕生過程的一部分，而這個領域的面貌和圖譜今天仍然在被繪製著。

二、列文森的主要論著

上文已述及，列文森生活與工作的歷史環境是二戰後冷戰期間的 1950 年代和 1960 年代。這是一個美蘇兩大陣營競爭孰是孰非、都欲以自己的統治地位和冷戰政治建立一套歷史敘述的意識形態時刻。1950 年代前期，在朝鮮戰爭的氛圍之下，美國麥卡錫主義黑網密佈，動輒糾拿叛徒，處置間諜。猶太裔學者常常被質疑是否絕對奉行自由主義右派所界定的愛國條款，或因為信仰與忠誠問題而遭另眼相看。當時，美國每一個所謂「中國通」，包括列文森在內，都想要理解中國革命到底發生了什麼，世界如何到達這樣一個誰也沒有預料到的歷史轉折點：為什麼共產黨在國共 1940 年代的戰爭中得到勝利？美國人以為二戰以後國民黨會成功地統一全國，而現實卻與預期相差千里。是否因為蔣介石周圍的美國顧問當中有人出賣了國民黨、出賣了美國的戰略利益？或者用當時華盛頓的方式來說，「誰丟失了中國？」列文森的興趣不在於政治、意識形態或軍事方面，而是在較長時段的歷史過程上。他想要理解的是共產主義如何滿足了中國對歷史理論的思想

要求，這個理論需要回答的關鍵問題是：中國如何能夠在一個嶄新的世界裏重新居於中心地位。在冷戰的高峰時刻，列文森能夠保持一種對於共產主義革命的中立姿態，進行相對客觀的分析，相當不易。他通過「非冷戰」的中國歷史書寫提供了第一個綜合的解釋，來理解共產主義如何成為統治中國的力量。他關注的重點限於思想史和政治史，而非社會史；他所提供的答案建立在對文獻的認真解讀之上，同時也受到日本漢學研究的影響（特別在他分析清代所謂獨裁政治的問題時，這個影響尤為明顯）。

列文森的核心著作是我們在本文中反思的基礎，下面逐一簡要介紹。

《梁啟超與近代中國思想》（1953 年）

梁啟超（1873–1929）或許是晚清最著名的改革思想家。列文森所著的《梁啟超與近代中國思想》是一部在現代中國研究領域興起之初出版的開創性思想史。列文森對梁啟超思想的研究建立在閱讀中文原文的基礎上，但他所做的不是傳統漢學式的對文本問題的關注，而是從解決當代問題的角度提出社會科學家和比較歷史學家更熟悉的問題，特別是現代中國以及中國的「現代思想」在鴉片戰爭後的幾十年裏是如何出現的。列文森認為梁啟超思考和寫作的主題是歷史與價值之間的張力。他所說的「歷史」是指人們在情感和心理上對塑造了他們的傳統（或者說過去）的忠誠，而「價值」是指人們在智識上所認可的思想。列文森通過審視梁啟超一生的三個階段來追溯他的思想。首先，梁啟超通過在中國

哲學傳統中尋找西方思想的對等物來調和中國 (歷史) 和西方 (價值) 之間的衝突。第二，梁啟超從保存文化轉向保存民族，並認為必須借鑒其他時代和地區的成就。他通過打破以往對西方的單一概念來做到這一點。藉由將思想的起源定位於個人天才而不是文化發展，梁啟超可以使用這些思想而不暗示中國人不如西方人，因為這些思想只是由於偶然的機會而非必然的力量才產生和發展於中國之外。在梁啟超思想的第三階段，繼第一次世界大戰證明了西方的錯誤之後，他又回到了文化主義，認為中國精神文明優越於西方的物質主義。

列文森將梁啟超描述為一個思想沒有預先設限的人：「梁啟超的思想是他的牢籠，其中有必然的前後矛盾，也有諸多相互抵牾、他卻不得不認同的信念，不是出於邏輯連貫，而是出於個人需要」。[20] 這確立了列文森在梁啟超的生活中看到的主要矛盾或辯證法：

> 每個人都對歷史有情感上的忠誠，對價值有智識上的忠誠，並且試圖要讓這些忠誠相互連貫一致。……一個感受到如此張力的人必然會尋求緩解的途徑，梁氏試圖壓制歷史和價值之間的衝突。他的方法是重新思考中國傳統，使得儒家思想——他自己所處社會的產物，因而是他所傾向的——能夠包容他在西方找到的價值。……即便在他承認很明顯是西方的成就時，也在試圖保護中國免受失敗的責咎。[21]

20　Joseph R. Levenson, *Liang Ch'i-ch'ao and the Mind of Modern China*, Cambridge: Harvard University Press, 1953, p. vii.

21　Ibid., pp. 1–2.

這本書是列文森《儒家中國及其現代命運》三部曲的直接前身，它描述的梁啟超的思想歷程是更大的思想轉變過程的一個縮影。在這個過程中，科學和現代政治獨立於儒家思想之外而具有說服力，這將儒家思想變成了傳統主義的實踐。他的三部曲從一個人的思考轉向一個思想的世界：他所說的「儒家中國」。

《儒家中國及其現代命運》第一卷《思想延續性問題》（1958 年）

在第一卷中，列文森講述了一段思想史：中國文人及其 20 世紀的後裔如何從儒家思想轉向現代思想。他將這種轉變描述為人們從依戀自己所接受的傳統和熟悉的情感轉到通過個人經驗得出公認的真理。二者的差別在於，前者賦予人們身分認同和自尊，後者則是在智識上（intellectually）令人信服；一個只是感情上的（sentimental），而另一個則具有內在的說服力。列文森沒有將此描述為一個中國特有的問題，而是認為這是所有人類社會都會不時面臨的挑戰。因此，他的發現不僅是對該卷和三部曲的主題 —— 現代中國的出現 —— 的解釋，也是對比較歷史或普遍的人類歷史的一大貢獻。

在列文森的敘述中，經驗主義（empiricism）是與清代文人業餘理想相抗衡的現代價值。他首先講到，通過漢學，清代產生了本土的經驗主義傾向，但它最終不是現代經驗主義，而是試圖用經驗的方法達到古代模式的標準。它所依賴的是一個假設：過往的時代擁有全部合理的社會形態。[22] 這種業餘理想不包括自然

22　Jesoph R. Levenson, *Confucian China and Its Modern Fate: A Trilogy*, Berkeley: University of California Press, 1968, vol. 1, p. 9.

科學方法，這是科學在中國沒有得以發展的原因。[23] 他以明清文
人畫為例，說明它是如何意味著一個人因為非專業而被認為有學
養。鴉片戰爭後，當中國文人受到現代思想的衝擊時，他們的第
一反應是在面對「外部」威脅時收緊隊伍，擱置「內部」意識形態
的分歧。列文森在此提出了一個重要的觀點：作為價值檢驗的
「新舊」問題繼續被提出，但這個問題已從作為世界的中國轉移到
更大的、包括中國和西方的世界。列文森將通商口岸視為傳播西
方價值觀的工具。他指出儒家精英中的一些人認識到西方技術的
優越，而這種意識破壞了儒家內部的一種平衡。「本質」（體）和
「形式」（用）的關鍵辯證法原本是一個有生命力的、多面的、內
在於中國傳統的緊張關係，而此時面對強大的外來文化體系，它
卻成為一個不再具有動力的、局限於內部的傳統。[24]

　　列文森認為，上述轉變的結果是張之洞提出的一種站不住
腳的模式，即利用西方的「用」來應對歐洲和日本帝國主義的挑
戰，而「體」則可以保持中國化。列文森認為這是不可能的。在
他看來，這個思路的主要問題是要在「中國」和「西方」之間建立
「體／用」區隔所涉及的思想挑戰，因為它將中國從「世界」轉變
為「世界上的一個地方」，它在「特別的、中國獨有的」（specially
Chinese）和「普遍有效的」（generally valid）之間製造了區別。這個
過程對於像張之洞這樣提倡向西方學習的人和那些拒絕西方影響

23　Ibid., vol. 1, p. 13.
24　Ibid., vol. 1, pp. 50–53.

的人來說都是一樣的，比如倭仁認為西方的一切都是中國人早已
經歷過且決定放棄的。[25] 有些人甚至試圖說科學是中國人以前發
現的。康有為也有類似的思想，聲稱儒家思想已經擁有西方的民
主價值觀。[26] 列文森看到的主要問題是：「主張現代化的老一輩
只是感到中國虛弱，而且這種虛弱只不過是相對於邪惡的西方勢
力而言。但是，一旦他們將『自強』也作為中國的理想之一——
據稱它對中國之『體』無害，所以可以被認為是『中國的』——那
麼如果這個『體』抑制了被設計來保護它的改革方案，『體』本身
也會招致批評。」[27] 其相應的結果是中國社會失去了儒家所強調的
「文化主義」，變成「民族主義」，從而將儒家降低為一個更大的世
界中的特定部分。而這只有在儒家思想已經枯竭時才會發生。

　　列文森認為這是最主要的轉變：文人與儒家傳統的疏離。
但在此之後，思想家們需要瞭解自己與中國的關係，因此需要
作出選擇，或是（一）完全放棄中國的特殊性，或是（二）在普遍
主義中為中國找到一席之地，通過添加中國文化讓西方部分地
中國化。蔡元培嘗試了後一種途徑，但列文森認為這裏面有一
個問題：「中國的西方化正在成為事實；歐洲的『漢化』卻毫無可
能。」[28] 共產主義為這個兩難提供了一個解答：中國可以成為普
遍文明的一部分，但又不喪失尊嚴。「共產主義的中國，似乎可

25　Ibid., vol. 1, p. 70.
26　Ibid., vol. 1, pp. 76–77.
27　Ibid., vol. 1, p. 80.
28　Ibid., vol. 1, p. 112.

以與俄國一起，成為引領世界的先鋒，而非跟在西方後面亦步亦
趨。」[29]

《儒家中國及其現代命運》第二卷《君主制衰亡問題》(1964 年)

在第二卷中，列文森提供了一部制度史來深化第一卷中的
思想史。他討論了對君主的效忠的轉變，認為在儒家與君主的
關係中存在一種對抗性的緊張關係；只有在受到國家解體的威
脅時，儒家文人才會支持君主，但這種不加批判的忠誠摧毀了
儒家的生命力。他認為，太平天國創造了召喚某種強調同一性
的「中國」思想的特殊時刻，這種思想將會消除儒家思想中鬥爭
性的生命力。他看到了官僚制(文)與君主制(武)之間的對立關
係，而儒家之所以成為儒家，正是依賴於這種動態的對立。他
用 1916 年袁世凱復辟帝制來説明君主制在民國時期是如何以及
為什麼變成一場鬧劇。至此，復辟運動蛻化成只是「傳統主義的」
(traditionalistic)，因為雖然它違背了 1912 年建立的共和制度，但
並不具備清朝時儒家的真正本質。[30] 列文森認為：「這句話中非
傳統的地方在於將中國人的『尊君』等同於單純思想上的『崇古』。
這有別於君主制仍然活生生存在的時代，那時候皇帝或其中央集
權的代理人，往往與官僚士大夫的保守主義相對抗。」[31]

---

29   Ibid., vol. 1, p. 134.
30   Ibid., vol. 2, p. 5.
31   Ibid., vol. 2, p. 10.

　　這就是傳統主義的相對主義：儒家思想已經從普遍性的
（universal）轉變為地方性的（particular）：「作為『體』，儒學是文明
的本質，是絕對的。而作為『國體』或其他與之意思相近的詞，
儒學是中華文明的本質，歷史相對主義的世界中一個價值的複
合體（而非絕對價值）。」[32] 他總結道：「儒家與君主之間有種既相
互吸引又相互拒斥的曖昧關係，中國的國家衰落部分是因為失去
這種曖昧關係。」[33] 這種「曖昧關係」曾經使得中國歷史充滿了活
力，列文森對其制度層面的歷史表現做了一些描述。儒家需要
中央國家來維持秩序並維護他們的土地和權力、地位，但也被它
的強權所挫敗；國家需要他們摧毀貴族，但也憎惡他們的道德干
預。[34] 列文森認為異族統治者的「異」，同漢族君主與儒家的關係
的疏離相比，只是程度的差異：「外來的征服民族及其首領也許
內心完全無法在文化上理解和同情文人的理想。不過，在某種程
度上，漢人王朝也都是如此。」[35] 對於列文森來說，儒家思想傾
向於「內聖」，而統治者則推崇「外王」。[36] 其間的張力在列文森看
來是儒家中國之生命力的關鍵。

　　列文森認為，太平天國因為完全拒絕儒家傳統而打破了儒
家—君權的相互吸引—排斥的張力關係。其他叛亂，無論是通

32　Ibid., vol. 2, p. 14.

33　Ibid., vol. 2, p. 26.

34　Ibid., vol. 2, p. 28.

35　Ibid., vol. 2, p. 32.

36　Ibid., vol. 2, p. 52.

過道教還是佛教，都沒有從根本上用天命來挑戰帝制秩序，而太平天國則對「天」有著不同的概念。[37] 此外，太平天國的威脅代表著西方因素已經浸入中國思想，因為「太平天國人必須在國內受到鎮壓，這意味著在國際上西方國家不再是蠻夷」。[38] 太平天國的另一個後果是「面對共同的敵人，儒家和君主關係還在，卻失去了相互之間的張力；對二者共同的攻擊將其利益融為一體，並因而改變了它們的特性」。[39] 也就是說，在外來思想的威脅下，太平天國的敵人們創造了「中國人」這個範疇，使激發了儒家思想的那種張力被打破，導致其活力的衰減和其本應有的與君主制對抗的位置的喪失：「當作為整體的儒家成為『內』和『體』，也即『西學』應該補充的『中學』，舊的『內—外』張力就在儒家內部消失了。」[40] 因此，共和時代是一個真正的斷裂點，而不僅僅是王朝鬥爭的最後階段：「從革命向派系政治的迅速墮落使共和似乎毫無意義。但是對意義的期待儘管落空了，卻仍提供了意義。」[41] 儘管共和作為一種政治體制的實踐在 20 世紀初未獲成功，但它作為一個理念或理想卻深刻地植入了人們的思維，並保持了長久的影響力，直至今天。

---

37 Ibid., vol. 2, p. 85–88.
38 Ibid., vol. 2, p. 110.
39 Ibid., vol. 2, p. 110.
40 Ibid., vol. 2, p. 114.
41 Ibid., vol. 2, p. 125.

《儒家中國及其現代命運》第三卷《歷史意義問題》(1965年)

列文森在這一卷中轉向了這段歷史的意義問題，重點討論歷史意識的作用。他的目標是釐清儒家思想與當時(1960年代)的共產主義中國的關係。有些學者認為儒家和共產主義具有相似之處，即存在一種中國本質(費正清稱之為「專制傳統」)，而共產主義中國延續了這種本質。但列文森強烈反對這種觀點。他認為，現代性及其帶來的嶄新歷史思維方式從根本上改變了中國。

他首先描述了這一過程的開始：康有為和廖平在19與20世紀之交將儒學從「典範」變為「預言」，這是對儒學的根本改變。康有為將孔子變成了革命者。[42] 另一方面，廖平則認為孔子在《公羊傳》中以寓言的方式預言了現在。[43] 但是在列文森看來，兩人都已經退讓給了西方的將歷史理解為「過程」的思想，這是一種與「真正的」儒家思想中作為永恒典範的歷史完全不同的歷史意識。[44] 列文森隨後用井田制來描述從「典範」到「過程」的轉變。這是關於井田或經典是不是歷史的爭論，也可以說是將經典歷史化的開始。在此之前，沒有儒家不認井田制在某個時候曾經存在過；他們爭論的是這個制度是否可行。[45] 然而，當井田制被用西方的思想體系來解釋時，它發生了變化。這個變化始於梁啟超聲

---

42   Ibid., vol. 3, p. 10.
43   Ibid., vol. 3, p. 11.
44   Ibid., vol. 3, p. 14.
45   Ibid., vol. 3, p. 22.

稱井田是中國版的社會主義。[46]胡適用考證學來證明它根本不曾存在，[47]但是胡漢民以一種歷史唯物主義的形式，將其視為一個普遍歷史階段的存在和代表，即原始共產主義。[48]另外還有觀點從浪漫的民族主義出發，認為它是中國本質的一部分，或把它看作是人們應該嚮往的一種社會理想，是社會主義的。無論如何，列文森認為，這些涉及井田制的辯論都應該算是現代思想的產物，與儒家思想的傳統思維迥然不同。[49]

列文森明確地反對現代中國政府繼承了儒家遺產的觀點。通過回顧中國共產黨的史學，他闡明中國共產黨看待歷史的方式與儒家截然不同：共產主義歷史學家是在努力將中國歷史嵌入馬克思主義史學的各個階段。「弔詭的是，他們通過分期將中國歷史與西方歷史等同起來，並因而否定中國具有任何高度個性化的特徵。與這一熱情相伴的是一種信念，也即所有的轉型本質上都是在中國內部發生的。」[50]這需要將封建制度植入中國歷史，認為在秦之前很長一段時間是貴族社會，秦之後是專制社會，但仍然是封建制度。[51]這意味著孔子可以得到平反：他在推動歷史的社會力量方面可以被稱為進步的，代表了封建主義反對奴隸社會；但是他也可以被看作反動的，代表了封建主義對資本主義的阻

---

46 Ibid., vol. 3, p. 26.

47 Ibid., vol. 3, p. 28.

48 Ibid., vol. 3, p. 30.

49 Ibid., vol. 3, p. 32.

50 Ibid., vol. 3, p. 48.

51 Ibid., vol. 3, p. 51.

礙。[52] 在列文森看來，這是儒家去牙化或博物館化的一部分 ——
它具有歷史相關性，但與今天的現實無關。[53]

在此，他的論點轉向理解現代歷史思維，認為將歷史理解為
「過程」的方式具有相對論的色彩。這樣，歷史意識的問題就從
他研究的對象 —— 中國思想家，延伸到他自己和我們 —— 現代
歷史學家。他在此引用了尼采的觀點。尼采認為歷史學家如果把
歷史看作是由不以人的意志為轉移的外力決定的、是一個過程，
那麼對歷史人物的理解就可以具有幾分道德相對主義的色彩，可
以保有疏離的空間。這跟從倫理價值出發的歷史思維是截然相反
的。列文森試圖消除這種將歷史看作過程和價值之間的分裂的觀
點，認為當我們將歷史視為過程時，我們仍然可以利用它來瞭解
自己，並將歷史作為一種創造力來認識當前和當前的挑戰。對
於列文森來說，歷史寫作這一創造性行為是從歷史中創造意義：
「歷史學家的任務，也即他點石成金的機會，就是將那些似乎毫
無價值的東西變為無價之寶。」[54]

問題是，分析1950、1960年代中國大陸的史學時，列文森
辨識出一種讓他擔心的趨向。在他看來，馬克思主義中的歷史
決定論雖然會解決這個分裂造成的困境，也為中國（及其史學家）
提供了一個重新獲得在世界上的軸心位置和普世主義的可能，但
同時也回到了另一種看似新的、但實質上跟儒家思想一樣是把歷

52　Ibid., vol. 3, p. 67.
53　Ibid., vol. 3, p. 76.
54　Ibid., vol. 3, p. 90.

史模式（pattern）而非歷史過程（process）放在第一位的做法。[55] 按照列文森的分析，這導致價值的絕對化，代價是將歷史扁平化，無視歷史的豐富性和複雜性，用一個單一的視角和框架去理解歷史。關鍵的是，列文森認為歷史的「歧義」（ambiguity），雖然不好處理（或因為不好處理），卻是很豐富的一種矛盾。他說：

> 「歷史意義」一詞的歧義是一種美德，而非缺陷。抵制分類學式對準確的熱衷（拘泥字面意思的人〔literalist〕那種堅持一個詞只能對應一個概念的局促態度），是對歷史學家思想和道德的雙重要求。作為一個完整的人，他確實要滿足思想和道德的雙重要求──他必須知道自己站在流沙之上，但必須站穩腳跟。而且，假如歷史（作為人類留下的痕跡）與歷史（作為人類書寫的記錄）要逐漸靠近、相互呼應，那麼在「歷史意義」中隱含著的張力，也即中立的分析和具有傾向性的（committed）評價之間的緊張，也必須得到承認並保留下來。[56]

列文森的意思是，要認清楚歷史事實與歷史敘述的區別：歷史事實是絕對的，而歷史敘述必然是相對的。他擔心馬列主義歷史思維的一維化和絕對化取代歷史相對主義，會導致複製新的特殊性敘述，變成一種並非把中國融匯於世界，而是把中國與世界隔離的歷史。[57]

對列文森來說，為了創造一個真正的全球史──為了創造一個真正的全球性精神（a world spirit），避免回到清末那種死路，

55　Ibid., vol. 3, p. 87.
56　Ibid., vol. 3, p. 85.
57　Ibid., vol. 3, p. 106.

書寫一種把中國融匯於世界的歷史是唯一的選擇：曾經妨礙了清
朝中國與世界秩序相協調的，是儒家思想留下的一種特殊論。與
列文森同時代的思想家熱衷於辯論的話題 ——「世界歷史的軸心
何在？」對於列文森來說毫無意義，甚至沒有道理，因為在他看
來歷史的軸心不外乎是全人類。他完全從另一個角度看問題，認
為現代中國歷史學家和西方歷史學家面對根本不同的挑戰。對於
持現代歷史思維的中國歷史學家來說，主要挑戰在於調和其思維
中的相對主義與中國自己眼中的從世界的中心地位跌落的歷史現
實。對於研究中國的西方歷史學家，挑戰在於把中國歷史看作提
供普世性的理解，而非僅僅用來比較，或對假想的規範性的西方
歷史模式的脫離。不止於此，列文森另有更高的期待：對於任
何研究中國的歷史學家，無論身在中國還是在西方，現代歷史思
維中的相對主義提供了一個機會，去發現一種共享的歷史意識。
在這個歷史意識中，中國和西方不僅是同等的，而且是不可分隔
的：「他們的」歷史和「我們的」歷史是同一個歷史。[58]

《革命與世界主義：西方戲劇與中國歷史舞台》(1971年)

列文森完成了儒家中國三部曲後，想要超越「歷史和價值之
間的辯證關係」，通過研究亞洲的經典以及西方戲劇的漢譯走向
一個新的主題：地方主義和世界主義。[59] 在這本未完成的遺著

58　Ibid., vol. 3, p. 123.

59　Frederic Wakeman, Jr., "Foreword," Joseph R. Levenson, *Revolution and Cosmopolitanism: The Western Stage and the Chinese Stages*, pp. ix–x.

中，他從世界歷史的角度審視了現代中國，去理解共產黨如何處理與西方世界主義的關係，並試圖將自己融入伴隨而來的以歐洲為中心的「世界歷史」中。魏斐德在為這部書撰寫的序言中指出，在某些方面，這是從列文森的第一個三部曲的自然過渡。在前一個三部曲中，中國的世界性（普世的）文化因西方世界主義（cosmopolitanism）的興起而被變得地方化。在這部書中，列文森分析了1950年代中國的共產主義世界主義，以及它在1960年代特別是文化大革命期間發生了怎樣的變化。他希望理解「特殊性如何能夠與某種普遍的世界史相調和」。[60]

列文森在本書的開頭對世界主義和地方主義問題進行了更進一步的歷史處理，對於兩種「世界主義的錯置」（cosmopolitan displacement）擁有同情的理解：一種是儒家文人的世界主義發生了錯置──他們的世界變成了世界中的一個地方；另一種錯置則發生於20世紀中國知識分子身上，他們想要擁抱世界，卻同時遠離了歷史與現實，成為「無根的」世界主義者。從這種同情的理解可以看出，他對中國傳統社會遭遇現代歷史的暴力攻擊一直高度敏感，同時也認識到殖民主義的認知模式所具有的霸權特性。[61]列文森認為這種「無根的」世界主義與毛澤東以及與其類似的民族主義共產主義意識形態形成鮮明對比。[62]

60　Ibid., p. xxviii.
61　Ibid., p. xi.
62　Levenson, *Revolution and Cosmopolitanism*, p. 5.

在 1950 年代，中國共產黨對於出版過去的和翻譯世界其他地區的文學藝術作品，包括戲劇，持較為開放的態度，任何可以被成功論證為在其歷史背景下是進步的作品文本都得以出版，例如，與 1800 年代的進步資產階級相關，或帶有反貴族情緒，或與當代左翼運動有關聯的作品。現實主義被視為卡洛‧哥爾多尼（Carlo Goldoni）等人著作的一個重要特徵。[63] 有些人，比如莎士比亞，成為可以爭論的對象，因為蘇聯人接受了他們。[64] 由於某些形式的文化世界主義的階級基礎，它們可能符合中華人民共和國的民族主義。正如民族資產階級受到與買辦不同的對待一樣，這個新民主主義時期也接納中國共產主義可以認同的進步文學。在這十年中，文學生產以這種方式得到很大的發展。這種 1950 年代的新的世界主義最基本的表達是「在社會主義朋友之間締造共同的紐帶」，但也是為了以各種方式展示新中國如何進步而將世界文學納入中國。[65]

但是 1950 年代的共產主義世界主義顯然不同於儒家文人的世界主義，因為中國不再是世界文化的中心。這一時期的中國世界主義者被認為是世界性和普遍性文化的一部分，而在馬克思列寧主義和國家社會主義的世界中，儒家思想和儒者被看作古舊的和地方性的。列文森認為 20 世紀上半葉的世界主義知識分子與他們自己的過去以及大部分中國社會是割裂的：「這確實使他們

63　Ibid., p. 10.

64　Ibid., p. 13.

65　Ibid., pp. 6–7.

脫離了農民」。列文森在這裏暗示，這是中共獲勝後毛澤東鎮壓
這種世界主義文化的原因：「不是因為背離了『前西方』的儒家規
範，而是因為他們不能滿足『後西方』的共產主義要求。」[66]

列文森認為這波翻譯外國戲劇的浪潮在 1957 年之後逐漸枯
竭。[67]中國共產主義者認為儒家世界主義是剝削者的意識形態（並
輸給了西方），而民國和新的人民共和國中的無根的世界主義者
與他們自己的文化相疏離。「既是中國的又是新鮮的，而不是外
國的抑或陳舊的：這就是共產主義的承諾。中國的民族主義，以
其兩種親緣關係——政治上的自立和文化上的革命——必然會
滲透到共產主義中，使中國煥然一新。」[68]在文化大革命中，中
國希望通過將革命意識形態傳播到世界各地而將自己變成一支以
它自己為中心的新的世界性力量。[69]「中國人通過在他們的國家
建立一個無階級的社會，將在世界這個社會中構成一個階級，或
一個階級的先鋒隊。」[70]

這是列文森在《儒家中國及其現代命運》中提出的論點：採
用馬克思主義，中國可以重新宣稱它處於世界歷史的前沿。然
而，對於列文森來說，文革試圖創造一種新的世界主義，最終卻
有意地使用了一種地方主義。在 1960 年代，「舊的現實主義（『批
判現實主義』）」僅僅因為以頹廢的方式描述「個體主觀狀態」而受

---

66 Ibid., pp. 3–5.
67 Ibid., p. 19.
68 Ibid., p. 23.
69 Ibid., p. 25.
70 Ibid., p. 28.

到攻擊。[71] 取而代之，文革宣揚了一種以身作則的英雄人物，而不僅僅是揭露封建或資產階級社會的醜惡。「文化大革命具有地方性的文化精神，而那些見多識廣的高人因為他們的文化而脫離了人民，由於他們與世界各國世界主義夥伴的『緣分』而脫離了民族。」[72] 共產黨人還是沒有把中國變成世界。

上述內容清楚地表明，列文森對現代中國學術的貢獻具有闡釋性質。他並不是一個發現了重要史實的歷史學家，也從來沒有機會參閱歷史檔案。這樣講並不是說列文森的學術在這方面有缺陷。歷史研究是一項多元化的事業：不同的歷史學家，研究同一組文獻，必然會識別出不同的意義模式，這取決於每個人的主題和跨學科興趣以及偏好的探究方式。遠在後現代主義之前，列文森已經看出歷史學家的任務不在「復原」。復原是不可能的。歷史學家的任務在於積極地重建和理解過去：通過個人的概念化、分析和敘述技能，揭示出獨特的「過去」，只能希望他的知識和想像力夠強、夠全面，可以造出新的、站得住腳的解釋。列文森試圖從歷史意義的「無」中找到對此時此地有意義的東西：「他的創造性使它在歷史上有意義，通過讓其接受評判，以他自己的創作行為確認它的意義，而不是把它歸於虛無。」[73]

儘管列文森的著作展示出他的斐然才華，我們仍然應該意識到他的著作是一位年輕學者在事業初期的創作；他仍然處在刻劃

71　Ibid., p. 45.

72　Ibid., p. 47.

73　Levenson, *Confucian China and Its Modern Fate*, vol. 3, p. 90.

他的思想視野之輪廓與初稿的階段，從來沒有機會為他所提出的那些問題提供充分的答案。他的同事和學生只能獨自去思索這些問題，直至今天，學者們依然在為這些問題困惑。列文森如果再有三四十年的時間，一定會作出更多的思考、修改和調整——事實上，即使在我們看到的這些著作中，已經能夠看出他在不斷調整視角，使自己的論述更加充盈——他會有機會與他的批評者進行討論，參與到 20 世紀最後二十多年的各種思想轉變中。他的觀點無疑會更為成熟，分析會更加銳利明晰，而另外一些分析則會改變。因而，他留給我們的著作應該被看作是受到他所處時代的思想與知識局限的、未完成的，而且永遠無法完成的。當我們面對列文森時，我們來到的是一個不能關閉的場域，重新進入一場從未終止的對話。

三、列氏風格

列文森獨特的行文風格使得他卓爾不群，給他相當複雜的思想增加了一層豐富而令人愉悅的閱讀體驗。列文森被包括費正清在內的很多人稱為「天才」，而跟許多天才一樣，他生前並沒有被真正理解。這在當時是很多人共認的一個觀點：《列文森：莫扎特式的史學家》的〈編者導言〉中寫道：「他的史學著述內容豐富、意旨深遠，但尚未獲得充分的賞識，也未得到充分的理解。」[74]

74　Meisner and Murphey, ed., *The Mozartian Historian*, p. 1.

其原因之一是，對讀者來說，閱讀列文森的文章是一種必得開動腦筋的挑戰。必須承認，閱讀列文森帶有它挑戰性的一面，需要我們放棄閱讀歷史的慣用方法。人們初次接觸列文森的著述時，往往感到興奮和震動，但也不乏詫異和困惑。一個常見的反應是：他的著作充滿精彩的論辯，但是也有很多地方不易理解。另一個反應是：這套獨特的話語從哪裏來？與我們今天熟悉的中國有什麼關係？這兩種反應都是可以理解的——列文森的著作1950年代問世時，西方讀者們最初的反應也是如此。

列氏風格具有幾個特色。首先是筆法。列文森的筆法以烘雲托月著稱，行文之際，中西古典詩歌、戲劇、音樂、繪畫信手拈來，揮灑自如，勾描意向充滿提示性。他把世界看成彩繪的畫作，把歷史看成時空裏不息的流變，因而打破了區域研究、文史分家、專業各有清規套語的格式。「跨學科」一詞在學術界尚未廣泛流行時，列文森已經展現出跨學科的精彩。列文森把思想者的活動放在多維度的社會經濟與制度體系之中進行考察，這是他承繼自韋伯（Max Weber, 1864–1920）社會學的一種史學實踐。他對19世紀歐洲大陸以及英國文史哲經典的熟稔閱讀，也讓他似乎在不經意之間就能夠展現出一種黑格爾式的大歷史筆法。揮灑之間，勾畫出一個歷史邏輯性極強的敘述與結論。閱讀這樣的文章對讀者有更高的期待，要求讀者擁有比較廣博的知識，方能與作者有效對話。對於今天的讀者來說，檢索列文森所用的詞匯、隱喻與其他資料變得容易得多，這個問題或許不再像以往那樣困難。

　　此外，他的寫作有一種獨特的推論方式以及開放式的論辯方法。他所使用的語句往往顛覆主語與賓語之間習見的關係，重新分配形容詞跟副詞的位置，加之摘要去繁，以精湛的思辨建構出一個在現實之中意有所指，然而在抽象思維上又層次多重、發人深省的表述。他的敘述從來都不是帶有疏離感、從專業角度出發的直截了當的敘述。相反，他以一種後來的對話者的方式，以一種有節制的激情書寫他所研究的主題。他的風格是循環式的，富含禮儀感，浪漫，帶有感情的移入，個人化，充滿人文精神以及精湛的語言技巧。他想要創造的是一場不會事先排除任何可能性的、不斷讓人打開思路的對話。他所追求的不是一條直線式的正確答案，而是要保持創造性的張力；閱讀列文森就像是攀爬一條沒有扶手的對話的旋轉樓梯，在一個網絡上而非跟隨一條單線尋求意義與答案。他邀請讀者參與一個不斷質疑和挑戰的過程，不允許任何陳詞濫調藏身於思辨之中。這種閱讀體驗便常常不同於慣常學術文章的有熟悉的路徑可循。作為一個學者，對於列文森來說，方法 (method) 和過程 (process) 與答案 (answer) 一樣重要，甚至更為重要；他對於自己所遵循的方法總是保持著清晰的警惕與自覺。

　　列文森對語言的敏感和極大重視也表現在他非常注意閱讀行為中的潛聲，即文本在讀者腦海和內心引發的聲音。他在《儒家中國及其現代命運》第三卷中對「理論與歷史」的反思以下面這段話開頭，絕非偶然：

在普魯斯特的「序曲」（Overture）和「貢布雷」（Combray）中，片段的主題相互激蕩、交相輝映，匯聚成新的主題；最終一整個悠長樂曲從中盤旋而出，由各種豐富的旋律支持、表現，成就了《在斯萬家那邊》和「追憶」的宏大主題。令人遺憾的是，那樣的音樂（或任何類似的東西）從對現代中國歷史的這一敘述中溜走了。但是，音樂的主題還存在於那已逝之物中，被期待著、談論著，等著人們（如讀者）去釋放。[75]

列文森顯然是不僅通過文字、而且用耳朵閱讀的，並希望他的文字反過來不僅被讀到，也能被聽到。他深恐他的敘述沒有「悠長樂曲」，但仍然提醒我們要聆聽「主題」，「等著⋯⋯釋放」。然後，他沿著這些聽覺路線進行了詳細說明：

說話的語氣很重要，英文和中文皆然。我們可以把人類史冊中的某件事描述為在歷史上（真的）有意義，或者（僅僅）在歷史上有意義。區別在於，前者是經驗判斷，斷定它在當時富有成果，而後者是規範判斷，斷定它在當下貧乏無味。[76]

要辨別什麼是具有歷史意義的，我們必須傾聽記錄下來的過往與我們的心「交談」時的聲音。否則，我們的理解只能是抽象的和衍生的，只不過反映了我們所屬的那個時代的陳詞濫調。

為了強調語氣的重要性，列文森將「真的」（really）和「僅僅」（merely）放在括號內，暗示如果去掉這些括號內的詞，「在歷史上有意義」（historically significant）的這兩種表達之間的差異只能

75　Levenson, *Confucian China and Its Modern Fate*, vol. 3, p. 85.

76　Ibid.

聽到，而不能看到。他補充說，由此產生的「『歷史意義』一詞的歧義是一種美德，而非缺陷」。[77]列文森常用前現代概念和術語的意義變化，比如「德」(美德或美德的力量) 和「天命」等，來詳細說明他所說的含義的模糊性。他寫道，雖然這些前現代詞匯在民國時代知識分子的現代話語中仍然流行，但它們不再具有權威性：正是歷史意識讓我們的耳朵能分辨出「『天命』的音色變化：從錢幣的叮叮，到喪鐘的噹噹。在時間之流中，詞語的意思不會固定不變」。[78]

　　列文森的行文略顯晦澀，彷彿要激怒讀者去記住生活現實與紙面上的文字之間的鴻溝。在他看來，歷史學家必須牢記這一鴻溝，這樣我們才不會將過去簡化為替我們所處的時空提供界限──修辭的界限，以及用來創造意義的界限。列文森如是言：

> 歸根結底，思想史只是人書寫的一種歷史，只是一種方法，一種進入的途徑，而非終點。在客觀存在的世界中 (out there)，在由人創造的歷史中，思想、社會、政治、經濟、文化等諸多線索交織成一張不可割裂的網。在專門研究中，我們打破了自然狀態的一體性，但最終目的是為了以可理解的方式將整體復原。[79]

列文森的措辭有時可能會讓21世紀的讀者覺得與我們當今對性別包容性的敏感和對一概而論的厭惡不符。然而，列文森將歷史

77　Ibid.

78　Ibid., vol. 3, pp. 86–87.

79　Ibid., vol. 1, p. xi.

視作一張我們發現自己身陷其中的網，如果我們試圖去理解他，
會發現這一意識是正確的，且仍然具有相關性。

四、時代中的列文森及其影響

上文已經介紹了列文森作為思想家和歷史學家的背景與成
長，解釋了他所思考的問題，描述了他獨特的思維方式和書寫風
格。現在讓我們更廣泛地考慮他的學術遺產，包括同時代的漢學
界及史學界對他的評價，其他學者如何研討他的著作，以及他的
論斷促發了怎樣的新研究。

自列文森的著作出版以來，中國研究學界反應不一，有很多
讚譽，亦不乏質疑的聲音，連他的師友學生們在《列文森：莫扎
特式的史學家》一書中對其史學的不完善也並不諱言。這些質疑
部分源於列文森觀點之獨特及其研究本身的局限，或他研究的範
圍之宏闊令當時許多學者不適，也部分源於評論者的視角。列文
森所著眼的，在空間上是橫向的銜接，在時間上是縱向的斷裂與
延續的交錯。他把天下、國家、認同、疏離、忠誠等議題一方面
看成近代中國知識人經歷上的突出命題，一方面也看成經受了現
代文明轉型的社會中知識承載者共同的體驗。在這種大跨度的框
架下，他下了不少宏大的結論。但前文已經提到，史料的收集不
是他的志趣與長項。列文森對儒家傳承多元體系的內涵也並沒
有下過太多工夫，他的詮釋理論對漢語原典文本極具選擇性，這
些都成為中國研究學界批評的重點。老一輩的代表人物恒慕義

(Arthur W. Hummel) 根本不認同列文森，甚至不願意承認《梁啟超與近代中國思想》是歷史著作。[80]

列文森的《儒家中國及其現代命運》三部曲，從構思到出版，是1950年代的產物。當時人民共和國成立還不到十年。解釋共產黨何以在國共1940年代的戰爭中取得勝利，是一個政治性很強的當代話題。前文提到，當時美國的社會環境絕不寬鬆，猶太裔學者更是遭另眼相看。列文森並沒有頌揚中國共產黨，但是他也沒有把共產黨的建國簡單地看成是國際共產主義的陰謀與顛覆，而是將之作為一個過程，置於更廣闊的歷史時空裏加以思考。他把帝制結束之後的儒家思想看成失去體制、無所附著的遊魂，把人民共和國的建立與共產主義在中國的勝利看作長期歷史演繹、內緣蛻化不得不然的結果。這樣的立場在50、60年代的北美漢學界自然不會人人讚賞。華裔的名師碩儒或學術新秀，比如趙元任、蕭公權、房兆楹、瞿同祖、楊聯陞、張仲禮、劉廣京等，好像與列文森沒有多少來往。他們在1940年代中或1949年之後離開大陸，雖然身在海外，但是心存故土，把懷抱寄託在對中華民族文化的想像。在他們看來，盛年的列文森尚未進入中國經史的殿堂，就斷然宣佈儒家傳承已經破產，不免顯得既主觀又輕率。另外，列文森不把共產主義看成外來植入的異株，反而從社會心理學角度將之詮釋成儒家傳承在思想情感功能上的替代。

---

80 見恒慕義的書評：Arthur W. Hummel, "Liang Ch'i-ch'ao and the Mind of Modern China, by Joseph R. Levenson," *The Far Eastern Quarterly*, vol. 14, no. 1 (1954), pp. 110–112。

這些結論，都讓他跟同時代從事中國研究的學者中傾向反共自由
主義的陣營產生分殊。

　　無論如何，對列文森觀點的爭論引爆了北美中國學界在相關
問題上的批判或商榷性的研究。列文森以梁啟超為基礎，把儒家
傳承等同於帝王主導的天下觀與天命論，把科舉制度看成意識形
態的檢測，大膽地引進正在形成中的歷史心理學，認定晚清以後
的中國制度與文化缺乏內源再生的能力。列文森仍然在世的時
候，這些論點已經促使青年學者從各方面開展研究，展現儒家文
化在中國的豐富多元內涵，及其在官場之外、社會民間或家族村
落之中的規範作用。學者們結合思想、制度、社會、文化史，探
究儒家倫理的宗教性以及心性層面、儒家思想在商人倫理中的作
用、地方世家與書院的治學體系、科舉考試中的實學成分、地方
士紳以及家族在公眾領域中的禮教實踐。這些研究全面地擴大了
對傳統知識、「入世修行」、「克己復禮」等倫理人文的理解。

　　1970 年代以來，隨著社會史和文化史的勃興，西方學者陸
續解構了「儒家中國」的概念，勾畫了「三教合一」的思想脈絡，
凸顯了晚明的儒僧、僧道、寺廟、戲劇、繪畫，指出官訂的儒家
教條在民間通俗文化以及地方精英階層中的輻射力度是有限的。
20 世紀晚期和 21 世紀初期，學者們更撇開對思想內涵門派的辯
論，重新評價科舉對於清代思想發展的影響，探討明清王朝在近
代早期歐亞火藥帝國體系中的位置以及與全球經濟、科技、文化
的流通，開展對於思想究竟如何轉型的研究。他們討論書籍的生
產流播與閱讀、新知識體系的具體建構與傳遞、語言文字表述體

系的重新認定、古文詩詞文學與國學內涵的重塑、知識人社會身分的形成、信息體系在近現代的轉型、廣義的「經世之學」在 20 世紀如何致用與實踐，以及在科舉制度之外，中國實用知識體系如何形成專業制度、建立實踐基礎。這些研究，主要針對明清以及民國，都發展於列文森過世之後，遠遠超出了他的三部曲的視野。這些研究成果綜合起來，不但重新界定何為儒學、何為轉型中的文化中國，並且重新思考近代知識、人文與轉型社會國家之間的關係，重新認識在走進世界、走向科技現代之後，中國近現代思想文化如何形成脈絡。在相當程度上，西方明清及民國史學的這些進展是列文森當初提供的刺激的長期結果。對近現代中國的理解總是以這樣或那樣的方式延續著列文森關心的問題，而且以各種方式回到列文森，即使人們有時並不直接在文本上與他進行對話。

從另外一面講，我們也需澄清，列文森辯證性極強的歷史心理分析，雖然極為有助釐清晚期以來中國思想界的取捨動態，但是很難把他這種別致的方法傳給學生。在某種意義上，這個著重情感張力的分析似乎也沒有為近代中國思想史勾畫出一個多元並進的發展軌跡。然而正因為他的《梁啟超》與《儒家中國》並不依傍他對一兩個學人或學派在文本生產上的描述，反而更有啟發作用。

讓我們以他和後來者對梁啟超的研究為例。列文森出生的時候梁啟超仍然在世。在列文森生活的半個世紀中，中國處在不斷的分裂、戰亂、持續鬥爭、持續困乏、在國際上逐漸孤立的狀況中。列文森同輩以及稍後的學者們中，不少人同樣關切 1949 年

所標誌的歷史性開創與結束，同樣關懷其中所蘊含的古與今、中與西、必然與偶然、邏輯與人為的對立與結合關係，想要理解1949年後最迫切的問題：「到底發生了什麼？」[81] 與列文森不同，其他研究者仔細閱讀梁啟超的事跡與著作，認真考辨梁啟超的文本闡述與思想內涵；他們並不把梁啟超個人的經歷擴大，看成一種具有典型性的中國知識心路歷程。列文森所關切的是他平生如何遊走四方，如何一變、再變、而又變，如何在行旅之中出入一己的外視與內省。他所勾畫的是一代思想者在面臨時空秩序斷裂與重組時候的彷徨、焦慮、自省與追尋。他認定每當文明急劇轉型，轉型時代的知識承載者就無法像過往一般地依循規矩方圓，四平八穩。轉型時期的失態與脫格是常態。這個時期的不改平常反而是無感與脫序。列文森把現代性帶進中國近現代史的視野，把改造創新與失衡失語看作一體的兩面，把幸福與災禍看成緊鄰。「禍兮福所倚，福兮禍所伏」，中國思想界對這個正反兩面交織並存的辯證式思維並不陌生。列文森不但把這個概念帶進歷史研究的視野，並且透過人物傳記，具體呈現了近代巨變時刻歷史人物身處其中，在時間上所經歷的急迫感以及在空間上所經歷的壓縮感。其他學者很難趕上列文森走的這條纏繞崎嶇的路，或許並不奇怪。

列文森另一個引發辯難的，是他跟同時代不少英美學者共同持有的一個預設，就是把科學理性主義與工業科技文明看作

81　Levenson, *Confucian China and Its Modern Fate*, vol. 3, p. 118.

近代西方文明的標誌，把科技看成橫掃天下的普世實踐。在這個框架中，他把鴉片戰爭看成一個現代文明與一個前現代帝國的總體衝突。這個觀點，沿承自他的老師費正清，也反映出大多數中國史學家們的基本姿態（費正清畢竟師從清華大學歷史學系的蔣廷黻），到目前為止仍然如此。他雖然大力指出西方文明不足以作為完整的世界性知識，但是他對文明體系的表述，不經意之間展現了19世紀文明等差時空階段性的分殊。列文森對啟蒙運動的無條件欽佩可能會讓生活在後現代主義時代的我們覺得老派，而他引用未翻譯的法語和德語的參考資料可能顯得自負或歐洲中心。

此外，我們也很難支持列文森關於中國歷史的一些籠統的概括，例如關於晚期帝國思想潮流（我們甚至已經不再使用「儒家」一詞）或滿洲人的漢化和最終「消失」（我們現在知道這沒有發生），或者同意他的一些更激進的立場，例如聲稱宦官和滿洲人在明清背景下「起到了相似的作用」。[82] 我們拒絕列文森的一些論點是非常自然的：鑒於世界各地的學者在這些問題和其他問題上已經付出了三代人的努力，我們的知識在許多領域都有了進步。從1970年代開始，大量新資料（尤其是檔案材料）的出現，以及新方法（包括那些依靠大數據和地方田野調查的方法）的出現，意味著我們對中國近現代歷史的理解比當時更加細緻和全面。我們可以說，列文森在寫「儒家中國」時所看到的，在很大程度上

82　Ibid., vol. 2, pp. 45–46.

實際上是「晚期帝制中國」，更準確地說是「清代中國」。如果列文森還活著，他本人很可能會參與其中的一些發展，並且非常有可能改變自己的想法，就像他的老師費正清在他的整個職業生涯中不斷改變自己對事物的看法。

五、在21世紀閱讀列文森

自列文森去世以來，中國、西方、全世界都發生了巨大的變化。在這個新的歷史時刻，是否仍然值得我們花時間去讀（或重讀）列文森精妙的文章呢？上文已經表明，我們相信答案是肯定的。列文森提出的問題——調和民族主義和文化主義，將中國置於世界歷史的潮流中，以及歷史和政治中的連續性和斷裂性的一般問題——仍然沒有得到解決，而且在今天也許比在列文森的時代更加緊迫。在對這一問題的討論中，歷史和歷史學家的重要性也沒有改變。事實上，鑒於21世紀初的「中國崛起」，它們的重要性甚至可能更加突出。「中國故事」（複數形式）的宏大敘述試圖框定世界如何解釋中國重返全球權力的方式，且在今天變得越來越重要、越來越有影響力。

「在很大程度上，近現代中國思想史是使『天下』成為『國家』的過程」，1958年列文森這樣寫道。[83] 按照他的解釋，這是一種極為艱困的過程，其中充滿彼此相互衝突的對立元素：普世和特

83　Ibid., vol. 1, p. 103.

殊，絕對和相對，文化和政治。在從文化主義到民族主義的轉變中，我們能夠追溯到中國如何從一個「自成一體的世界」轉化為「在世界裏的中國」。總而言之，列文森對這段歷史的結論是：共產主義的到來為中國人提供了另一個概括全世界的體系，它能提供一個既是「現代的」，又是「中國的」未來。他說：「共產主義者尋求找到一種綜合，以代替被拋棄的儒家觀念和與之相對立的西方觀念。」[84] 列文森（也有其他人）在冷戰膠著時寫的文章所預測的結果是，一個普世的革命理念會成為現實存在，並得以不斷完善，為中國的精英們源源不絕地提供必要的思想、政治和歷史解決的資源與方案，以應對中國在一個徹底改變了的世界裏所面臨的生存威脅：「在今日中國之道中，唯一可能具有普世性的是革命的模式，那是政治與經濟的模式。而在文化上——指具體的、歷史上的中國文化——毛澤東沒有什麼可以貢獻給世界的。昔日中國聲稱垂範於世，因他人皆異於華夏，故遜於華夏。新中國也自稱堪為他國楷模，因受難的共同經歷與命運而與他國引為同道，於是中國式的解放也理當滿足其他國家的需要。」[85]

這些冷戰早期的預見在後來的現實發展中並沒有應驗。六十多年後，今天「中國模式」所建構的中國軟實力，所依傍的是中國經濟崛起的成績，而不是「無產階級革命」的成果。但在意識形態上，許多海內外學者認為，我們今天所看到的中國站在越來

84　Ibid., vol. 1, p. 141.
85　Ibid., vol. 1, p. xvii.

越狹窄和脆弱的思想基礎上，除了民族主義之外，缺乏任何「超驗的合法性」(transcendent legitimacy)。今天中國的民族國家，在經歷了許多動盪之後，似乎複製了西方的國家模式和功能。但是黨內外的思想家仍在繼續尋找一種綜合的模式，在建構一個強大、富裕、現代、在世界上舉足輕重的中國的同時，中國的理論工作者仍然在尋找一種既可普遍應用、又能被一眼識別出具有「中國特色」的模式；傳統中國的歷史也因此獲得了新的重要性。諸如「盛世」、「復興」、「大一統」等經典表達方式在政治和流行話語中的復甦表明，在實現這個綜合的模式上缺乏新的思路。這種措詞中的轉變，以及對「自古以來五千年歷史」的迷戀，標誌著理論工作向傳統主義思維的回歸，以列文森的話來說，這正是「回歸之路亦是出發之路」的體現。

這種回歸在20世紀的大部分時間裏都顯得不合時宜，而在列文森寫作的20世紀中葉，因為「解放」還很新鮮，則幾乎是不可想像的。然而，毫無疑問，在21世紀它已經發展到在意識形態中佔據了重要位置。讓我們再次引用《儒家中國及其現代命運》三部曲第一卷的內容：

> 頑固的傳統主義者似乎已不是單純在智性上信奉那些恰好是中國歷史產物的令人信服的觀念，而成了只因所討論的觀念是從中國過去傳承下來的，就有決心去信奉、有情感需求去體會智性上的強迫感(compulsion)的中國人。當人們接受儒家傳統主義不是出於對其普遍正確性的信心，而是出於某種傳統主義的強迫感去公開承認這種信心時，儒家就從首要的、哲學意義上

的效忠對象（commitment），轉變為次要的、浪漫派意義上的效
忠對象，而傳統主義也從哲學原則變成了心理工具。[86]

列文森認為這種思維所提供的主要是心理安慰，而非令人信服的
哲學論證。當然，思想的軌跡即使來自傳統主義的陳舊體系，也
不一定缺乏魅力或感染力。這種種現象表明，列文森所提出的兩
個結構性的問題仍然是我們今天理解中國的關鍵：意識形態或文
明建構與國家之間的關係，以及在國家建設（nation-making）這個
從天下到國家的過程中，中國位於何處？正在朝什麼方向發展？

　　列文森的中心論題常常也正是近年引起國內學界最大關注的
問題，比如「何為中國」。今天的中國究竟是一個政治共同體還
是文化共同體？現代中國人的認同基礎是什麼？「中國」是一個
自然的存在還是一個需要不斷建構的機體？源於西方的一些基本
概念，比如「帝國」、「民族國家」、「主權」等，能否用來分析中
國歷史？現代中國的思想源泉來自何處？中國與西方是否完全不
存在可比性？列文森在晚清民國歷史中所看到的自相矛盾，21世
紀的今天同樣仍然存在。他在《儒家中國》第三卷中指出1950年
代的史學家們一方面通過分期將中國歷史與西方歷史等同起來，
同時又堅持認為所有過渡本質上都是中國內源變動的產物。[87]今
天「中國模式」的世界意義和中國「國情」的特色同時受到強調，
我們在其中還是能夠看到同樣的矛盾。中國被看作是一種單一、

86　Ibid., vol. 1, pp. xxix–xxx.
87　Ibid., vol. 3, p. 48.

隔絕、自我參照、自我封閉的政治思想體系；其「國情」比其他
國家的「特殊情況」更特殊，因而是「獨一無二的」。根據這個「中
國特殊性」的邏輯，中國不受一般歷史規律的制約，也無法與全
球規範做比較。

　　同樣的現象也可見於大家對今天中國社會的「價值真空」問
題的關注。列文森認為，清朝之後的儒家是思想失去了制度的
基礎（君主制）；與此相反，改革開放以來我們所看到的是一個制
度（黨國）失去了思想的基礎（毛澤東思想）。從這種類比我們可
以學到很重要的教訓。列文森認為，儒家思想失去了其制度基
礎就無法生存，必然會消失，只會剩下殘損的碎片，成為「舊建
築物的殘磚斷瓦」。[88] 但在這一點上他似乎錯了：儘管有核心變
化，儒家思想依然生存下來（或者說，各種自稱是儒家的思想潮
流經久不衰），而且即使它今天沒有帝制時代的那種力量，也竟
然再次產生一種出乎列文森想像之外的能量。同樣，我們不能認
為，只因為一般人對毛澤東思想早已不感興趣或不再相信，甚至
輕視毛澤東本人，就表明毛澤東時代的思想或習慣的全部特徵都
隨著毛的去世而徹底消失：從1950、1960年代以來形成的革命
傳統，也蛻化成另一種傳統主義。但是，這些思想和與之共生的
思維慣性能否支撐當今中國新的夢想呢？列文森讓我們清楚地看
到，一旦一個事物或思想被發明出來，它便不會徹底消失，而往
往以變化了的形式在某個時刻復現。這個問題，即思想體系半衰

88　Ibid., vol. 3, p. 113.

期問題，提醒我們在思考當前中國所面臨的挑戰與話語抉擇時，要像列文森一樣，考慮話語形態應付的是何種問題、所給出的是何種答案、所否定的又是何種方案。新一代讀者在關注列文森著作時，應能不僅關注歷史學問題和方法，也能參照他的提問線索來理解目前意識形態的語境和我們自己在其中的位置。

20世紀以來中國持續現代化。進入21世紀，現代化取得正當性，步伐只有加快，沒有放緩，哲人能者認識到居安必須思危。列文森當年所提出的議題與解析的方式，不僅著眼在現代性外發的體現，並且打開了思維世界內省的視野，關注到世代交替之際的傳承斷裂和話語重構，以及現代人情感與知識資源上所經受的挑戰。就這個意義來看，列文森的史學關懷與方法，超越了對21世紀上半葉中國近現代史的解析，持續具有廣泛的闡釋力與開創性。從宏觀歷史層面來說，即使列文森有所誤判，也還能為我們提供一個有意義的視角，借以審視當前的中國。

最重要的是，儘管文化體驗和表達方式上的差異可能會妨礙人們立即實現相互理解，但列文森的世界主義、對人類智慧和人文價值觀的普遍性的信念依然很吸引人；這無疑是列文森對一種全面、全球性地觀照中國歷史的方法最有意義的貢獻之一。它既反駁了西方對於自己的觀點的普遍主義假設，也挑戰了中國的例外主義假設。要把中國歷史寫成世界歷史的一部分，不等於說史學家必得找一大堆直接類比說明中國的歷史發展跟外國史一模一樣，但同時也不等於說中國的歷史發展跟與外國史不可比、無法比。在這些不相容的極端之外，必有許多中間道路可以選擇。與

此同時，列文森對於歷史書寫持肯定態度，把歷史性的責任放在歷史學家的手裏。天下體系的崩潰有其悲劇的一面，但作為一個樂觀主義者，列文森想說服所有關心中國歷史的人士，這是歷史工作者參與到把中國史編入普世、全球歷史這一事業中的一個機會。把中國歷史經驗再次整合於新的世界思想體系中，這是列文森才情所至、無所畏懼的一個表現，也是他作為一位開放的思想家、一位真正人文主義信徒的理想和目標。他在《儒家中國及其現代命運》三部曲的第二卷裏這樣講道：

> 某種真的可被稱為「世界歷史」的東西正在浮現，它不只是各種相互分離的文明的總和。研究中國的歷史學家在書寫過去時，可以有助於創造這種世界歷史。歷史學家若遠離了任何事實上和想像中的文化「侵略」和文化辯護，就能通過將中國帶入普遍的話語世界 (universal world of discourse)，幫助世界在不止於技術的層面上統一起來。絕不應該去製造大雜燴，也不應該歪曲中國歷史去適應某種西方模式。相反，當對中國歷史的理解不傷害其完整性和獨特性，而且這種理解和對西方歷史的理解相互補充的時候，才會造就一個「世界」……
>
> ……研究中國歷史應該不僅僅是因為其異國情調，或者對西方戰略的重要性，研究它是因為我們試圖用來理解西方的那個話語世界，也可以用來理解中國，而不必強求二者有相同的模式。如果我們能這樣去理解中國和西方，也許我們就能有助於造就這樣一個共同的世界。書寫歷史的行動本身即是一種歷史行動。[89]

89　Ibid., vol. 2, pp. viii–ix.

列文森是一個充滿個性與智識上的魅力的人；他去世後，朋友們記得他「謙遜的魅力和愉快的自嘲故事」。[90] 作為一個在盎格魯—撒克遜世界找到了一種生活方式卻又同時保持了自己的身分的猶太人，列文森本人是一個非常國際化的人，並期待或至少希望看到中國也能夠以自己的方式進入（或重新進入）世界。列文森對我們當前思考中國的努力 —— 其統一但不乏矛盾衝突的政治，多元化的社會以及經久不衰、代代有變的各種文化傳統 —— 所做的貢獻遠不止「……及其現代命運」這個時髦的比喻。列文森以其獨特的風格對思考歷史大問題所展現的雄心令人驚嘆。半個世紀過去了，列文森當年對問題的提法仍然得到關注，這個意義比他所給出的答案更能啟發思路。儘管他關於從天下到國家的轉變以及儒家思想與現代生活不相容的答案在今天可能無法說服我們（這些觀點在當時也並沒有說服所有人），但他的觀點對我們提出了挑戰，促使我們提出具有相似的格局和意義的替代答案。

在過去一百年用英語寫作的現代中國歷史學家中，約瑟夫・列文森很可能是最具想像力的。對那些改變了千百萬中國人如何看待自己在世界中的位置的歷史性轉變所帶來的重大問題，他的看法繼續為所有關心這些問題的人提供著靈感。長久以來，中國讀者基本上無法接觸到他的著作全貌，這讓我們這些幾十年來一次又一次地向他的洞見尋求指導的人感到非常遺憾。我們希望在這裏提供的關於他的生平和思想的介紹將鼓勵中文學術界的同事

---

90   Cohen, "Preparing for China at Berkeley: 1960–63."

們，以列文森本人在短暫學術生命中既嚴肅又興趣盎然的精神來參與他未完成的思想學術工作，並通過這種參與，更好地理解那些塑造了中國的過去和現在的力量、並使得塑造中國未來的力量更為強大。

參考文獻

Grieder, Jerome, *Hu Shih and the Chinese Renaissance*, Cambridge: Harvard University Press, 1970.

Isaacs, Harold R., "Old Myths and New Realities," *Diplomat*, XVII, no. 196 (Sept. 1966), pp. 41–47.

Kwok, D. W. Y., *Scientism in Chinese Thought 1900–1950*, New Haven: Yale University Press, 1965.

Schram, Stuart R., *The Political Thought of Mao Tse-tung*, New York: Praeger, 1963.

Wang, Y. C., *Chinese Intellectuals and the West, 1872–1949*, Chapel Hill: University of North Carolina Press, 1966.

Gregory 夫人著，黃藥眠譯：《月之初升》（Lady Gregory: "The Rising of the Moon"），上海：文獻書房，1929。

巴若來著，鄭延穀譯：《漁光女》（Pagnol: "Fanny"），上海：中華書局，1936。

巴達一著，王了一譯述：《婚禮進行曲》（Bataille: "La marche nuptial"），上海：商務印書館，1934。

巴蕾著，熊式一譯：《可敬的克萊登》（Barrie: "The Admirable Crichton"），上海：商務印書館，1930。

小仲馬著，陳綿譯：《茶花女》（Dumas *fils*: "La dame aux camélias"），長沙：商務印書館，1937。

王爾德著，汪宏聲譯：《莎樂美》（Wilde: "Salome"），上海：啟明書局，1927。

卡拉迦列著，齊放譯：《卡拉迦列戲劇選集》（I. L. Cariagale: "Oeuvres choisies théatre"），北京：作家出版社，1955。

史特林堡（即斯特林堡）著，黃逢美譯：《父親》（Strindberg: "The Father"），上海：啟明書局，1938。

皮藍德婁著，徐霞村譯：《皮藍德婁戲曲集》，上海：商務印書館，1936。

米爾波著，岳煥譯：《米爾波短劇集》，上海：啟智書局，1929。

亨利‧菲爾丁著，英若誠譯：《咖啡店政客》（Fielding: "The Coffee House Politician"），北京：人民文學出版社，1957。

亞米契斯著，巴金譯：《過客之花》（Amicus: "La floro de la pasinto"），上海：開明書店，1933。

周作人：《歐洲文學史》，上海：商務印書館，1918。

易卜生著，沈子復譯：《海婦》（Ibsen: "The Lady from the Sea"），上海：永祥印書館，1948。

易卜生著，沈佩秋譯：《娜拉》（Ibsen: "A Doll's House"），上海：啟明書局，1937。

果戈里著，馮驥改譯：《結婚》（Gogol: "Marriage"），上海：奔流社，1939。

阿作爾平內羅（即皮內羅）著，程希孟譯：《譚格瑞的續弦夫人》（Pinero: "The Second Mrs. Tanqueray"），北京：共學社，1923。

阿胥著，唐旭之譯：《復仇神》（Asch: "The God of Vengeance"），上海：商務印書館，1936。

約翰沁孤著，郭鼎堂譯：《約翰沁孤的戲曲集》，上海：商務印書館，1926。

香港中文大學聯合書院圖書館編：《中國現代戲劇圖書目錄》，香港：香港中文大學聯合書院圖書館，1967。

香港中文大學聯合書院圖書館編：《中國現代戲劇圖書目錄續編》，香港：香港中文大學聯合書院圖書館，1970。

哥爾多尼著，矗文杷譯：《善心的急性人》（Goldoni: "Le bourru bienfaisant"），北京：中國戲劇出版社，1957。

哥爾多尼著，孫維世等譯：《哥爾多尼戲劇集》，北京：人民文學出版社，1957。

哥爾多尼著，孫維世譯：《一僕二主》(Goldoni: "Il servitore di due padroni")，北京：中國戲劇出版社，1956。

哥爾多尼著，孫維世譯：《女店主》(Goldoni: "La locandiera")，北京：中國戲劇出版社，1957。

席勒著，郭沫若譯：《華倫斯太》(Schiller: "Wallenstein")，重慶：生活書店，1947。

馬爾茲著，葉芒譯：《瑪律茲獨幕劇選集》，北京：作家出版社，1956。

高斯華綏著，顧德隆編：《相鼠有皮》(Galsworthy: "The Skin Game")，上海：商務印書館，1925。

康各瑞夫著，王象咸譯：《如此社會》(Congreve: "The Way of the World")，長沙：商務印書館，1941。

張靜廬編：《中國現代出版史料》，甲編，北京：中華書局，1957。

梅里美著，田漢改編：《卡門》(Mérimée: "Carmen")，北京：藝術出版社，1955。

莎士比亞著，朱生豪譯：《莎士比亞戲劇集》，北京：作家出版社，1954。

莎士比亞著，吳興華譯：《亨利四世》(Shakespeare: "Henry the Fourth")，北京：人民文學出版社，1957。

莫里哀著，趙少侯譯：《可笑的女才子（附打出來的醫生）》(Moliéré: "Les précieuses ridicules" and "Le médecin malgré lui")，北京：作家出版社，1957。

郭乃意著，王維克譯：《希德》(Corneille: "Le Cid")，上海：生活書店，1936。

萊辛著，商章孫譯：《愛美麗雅·迦洛蒂》(Lessing: "Emilia Galotti")，上海：新文藝出版社，1956。

葛連祥：〈拜倫哀希臘詩中譯的比較〉，《南大中文學報》，第二期（1963），頁83–97。

賈默西屋等著，宋春舫譯：《青春不再》(Camasio and Oxilia: "Addio giovinezza")，上海：商務印書館，1936。

路卜洵著，鄭振鐸譯：《灰色馬》(Ropsin: "The Pale Horse")，上海：商務印書館，1924。

維克多・雨果著，李健吾譯：《寶劍》(Hugo: "L'épée")，上海：平明出版社，1952。

蕭伯納著，潘家洵等譯：《蕭伯納戲劇選集》，香港：萬里書店，1959。

蕭伯訥著，姚克譯：《魔鬼的門徒》(Shaw: "The Devil's Disciple")，上海：文化生活出版社，1936。

霍甫特門著，謝炳文譯：《沉鐘》(Hauptmann: "Die versunkene Glocke")，上海：啟明書局，1937。

鮑羅廷著，王維克譯：《伊哥爾王子》(Borodin: "Prince Igor")，上海：商務印書館，1951。

羅曼・羅蘭著，沈起予譯：《狼群》(Rolland: "Les loups")，北京：生活・讀書・新知三聯書店，1950。

羅曼・羅蘭著，齊放譯：《七月十四日 (三幕劇)》(Rolland: "Le quatorze juillet")，北京：作家出版社，1954。

顯尼志勞著，郭紹虞譯：《阿那托爾》(Schnitzler: "The Affairs of Anatole")，上海：商務印書館，1922。

譯者說明

　　《革命與世界主義》一書的翻譯在諸多問題上受益於王春華博士的指正。歐立德（Mark C. Elliott）教授幫助解釋了許多難解的詞句。香港中文大學出版社的陳甜編輯查閱了早期漢譯戲劇的原文、修正潤色了譯文，所做的工作遠超一般編輯的職責。本書譯者在此致以深深的謝意。

2024年1月3日